Microcontrolador ESP32-S3

Curso práctico

Microcontrolador ESP32-S3

Curso práctico

Francisco Javier Burgoa Román

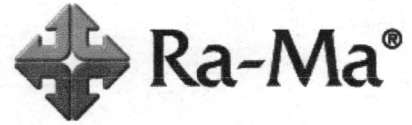

La ley prohíbe
fotocopiar este libro

Microcontrolador ESP32-S3. Curso práctico
Código THEMA: TJFD Sistemas embebidos y microcontroladores
Código BISAC: TEC007000 Tecnología / Electrónica / Microelectrónica
© Francisco Javier Burgoa Román
© De la edición: Ra-Ma 2026

Editado por:
RA-MA Editorial
Calle Jarama, 33, Polígono Industrial Igarsa
28860 PARACUELLOS DE JARAMA, Madrid
Teléfono: 91 658 42 80
Fax: 91 662 81 39
Correo electrónico: *info@grupoeditorialrama.com*
Internet: *www.ra-ma.es* y *www.ra-ma.com*
ISBN impreso: 979-13-88059-28-5
ISBN ePub: 979-13-88059-29-2
El e-book de esta obra es accesible y cumple con la norma WCAG 2.2 nivel AAA.
Depósito legal: M-1398-2026
Maquetación: Antonio García Tomé
Diseño de portada: Antonio García Tomé
Filmación e impresión: Safekat
Impreso en España en enero de 2026

A mi familia.

ÍNDICE

ACERCA DEL AUTOR

FRANCISCO JAVIER BURGOA ROMÁN

Ingeniero en Automática y Electrónica Industrial y Diploma de Estudios Avanzados por la Universidad de Valladolid, Máster Universitario en Formación del Profesorado por la Universidad Antonio de Nebrija.

Cuenta con más de quince años de experiencia en el sector ferroviario, participando en el desarrollo de firmware para sistemas embebidos de tiempo real. Anteriormente ha trabajado como Ingeniero de I+D en la Fundación CIDAUT e Ingeniero de software en Gamesa. Actualmente desarrolla su actividad profesional en Siemens Mobility como Ingeniero de Sistemas de Frenos.

Compatibiliza su labor profesional con la docencia universitaria, siendo Profesor Asociado en la Universidad Pontificia de Comillas y en la Universidad Antonio de Nebrija, donde imparte docencia en laboratorios de Grado y Máster Universitario.

1

INTRODUCCIÓN

Este libro surge como idea después de haber estado varios años impartiendo docencia como Profesor Universitario Asociado en varias asignaturas relacionadas con microcontroladores y después de otros muchos años como Ingeniero de Firmware para sistemas de Tiempo Real, fundamentalmente en el sector ferroviario, por la necesidad de explicar de una manera práctica, desde el ejemplo, la unión de estos dos mundos, por un lado los microcontroladores y por otro los sistemas donde la fiabilidad y el tiempo real son necesarios.

El objetivo del libro es ofrecer una guía clara, práctica y progresiva para estudiantes, profesores y aficionados que deseen aprender a programar microcontroladores modernos con un enfoque orientado a aplicaciones reales. Los ejemplos no son meras demostraciones técnicas: todos ellos están inspirados en prácticas de laboratorio, proyectos docentes y desarrollos profesionales donde el *hardware* y el *software* deben cooperar para resolver algún problema concreto.

Para seguir el contenido del libro es recomendable tener unos conocimientos básicos de electrónica y del lenguaje C, aunque no es necesario ser un experto. El libro está diseñado para que el lector pueda avanzar gradualmente desde lo esencial hacia conceptos cada vez más complejos, incluyendo técnicas propias de los sistemas embebidos y de tiempo real. En la última parte del libro, se aborda el sistema operativo de tiempo real FreeRTOS con la base sólida de los capítulos anteriores.

El entorno de desarrollo utilizado es **ESP-IDF**, el SDK oficial de Espressif. Este entorno evita la necesidad de programar directamente a nivel de registros (aunque sea posible) y proporciona una capa HAL (*Hardware Abstraction Layer*) que simplifica la configuración de los periféricos. Además, muchos parámetros del sistema, como la frecuencia del reloj de la CPU o los modos de arranque, pueden ajustarse desde menús gráficos.

Aunque Arduino ha sido fundamental para democratizar el acceso a los microcontroladores, sus abstracciones limitan el control fino sobre el *hardware* y dificultan el desarrollo de aplicaciones avanzadas. ESP-IDF, en cambio, ofrece acceso directo a los periféricos mediante drivers optimizados, un modelo de memoria más explícito y herramientas de depuración. Además, integra FreeRTOS de forma nativa, ofrece un control preciso de la memoria y dispone de bibliotecas estables mantenidas por el propio fabricante. Esto permite desarrollar aplicaciones robustas, escalables y adecuadas para entornos reales de ingeniería. Todos los ejemplos del libro se basan en ESP-IDF y están pensados para ser utilizados desde Visual Studio Code. Aunque al principio pueda parecer un entorno menos amigable que Arduino, la curva de aprendizaje es rápida y este libro pretende acelerar ese proceso.

Los ejemplos se inspiran en la documentación oficial de Espressif y han sido adaptados con un enfoque didáctico, priorizando la claridad y la progresión conceptual. Tras haber trabajado con microcontroladores de distintas generaciones —desde soluciones de 8 y 16 bits hasta plataformas modernas de 32 bits—, el ESP32-S3 destaca por ofrecer un equilibrio sobresaliente entre potencia de cómputo, conectividad, versatilidad y precio.

La elección del ESP32-S3 no es casual. Se trata de un microcontrolador moderno (lanzado en 2022), de bajo coste, con placas de desarrollo disponibles por menos de 15 € en 2025, y con una arquitectura muy capaz. Incorpora doble núcleo a 240 MHz, soporte SIMD, unidades de seguridad, aceleradores para algoritmos de IA, una amplia colección de periféricos y memoria externa que permite desarrollar aplicaciones considerablemente más grandes que en microcontroladores con memoria Flash interna. Su fortaleza principal es la conectividad: UART, I2C, SPI, I2S, USB nativo, Wi-Fi, Bluetooth Low Energy y protocolos avanzados como ESP-NOW. A ello se suma una documentación extensa, clara y actualizada, lo que convierte al ESP32-S3 en una plataforma especialmente atractiva tanto para aprender como para desarrollar prototipos de ingeniería.

No obstante, el ESP32-S3 también presenta limitaciones. La ausencia de DAC puede ser determinante para ciertos proyectos, y no es el microcontrolador más eficiente en términos de consumo energético, lo que puede afectar al diseño de sistemas alimentados por batería, aspectos que se deben tener en cuenta a la hora de seleccionar el microcontrolador más adecuado. En cualquier caso, el ESP32-S3 es un chip muy equilibrado y cumple muy bien sus funciones dentro del entorno educativo y de prototipajes.

Todos los ejemplos del libro se han probado en la placa **ESP32-S3 DevKitC-1**, una opción económica y muy representativa del ecosistema ESP32. Para comenzar basta con disponer de la placa, una *protoboard* y unos pocos componentes básicos: varios LED, resistencias y un potenciómetro. Con ese conjunto mínimo ya se pueden abordar todos los ejemplos iniciales y construir aplicaciones sorprendentemente potentes.

El libro está organizado en bloques temáticos. Los primeros capítulos presentan los periféricos esenciales: GPIO, temporizadores, ADC, PWM y contadores. En capítulos posteriores se abordan periféricos más avanzados, técnicas de bajo consumo, comunicaciones cableadas e inalámbricas (UART, USB, I2C, Wi-Fi, BLE) y finalmente se introduce FreeRTOS, el sistema operativo de tiempo real integrado en el ESP32-S3. Cada capítulo incluye ejemplos prácticos y una colección de ejercicios que permiten consolidar los conceptos aprendidos.

El papel de la inteligencia artificial generativa en el desarrollo moderno es innegable. Herramientas como ChatGPT, DeepSeek o Perplexity pueden acelerar tareas repetitivas, generar funciones auxiliares, ayudar en la depuración o proponer alternativas de diseño. Sin embargo, no sustituyen el criterio ni la responsabilidad del desarrollador. La recomendación es utilizarlas como soporte puntual, nunca como sustituto del razonamiento ni del diseño propio. El libro proporciona la base técnica necesaria para que la IA sea un complemento eficaz, y no una fuente de errores difíciles de detectar.

Existe además un aspecto no estrictamente técnico que merece mención: la dependencia tecnológica. Europa no es una potencia en semiconductores, a pesar de fabricantes como STMicroelectronics o Infineon, y necesita diversificar sus cadenas de suministro. En un contexto internacional sujeto a tensiones comerciales, aprovechar una plataforma ampliamente disponible como el ESP32-S3, de origen asiático, puede resultar beneficioso en términos de continuidad de suministro.

Si bien este libro recoge muchos de los periféricos del microcontrolador ESP32-S3, no se incluyen todos por motivos de espacio o por su complejidad. Entre estos que no están, pero son importantes, se podrían citar los relacionados con el control vectorial de motores, las aplicaciones para IoT o IIoT y los ecosistemas *cloud* o las prácticas de seguridad de los dispositivos conectados. Aun así, se anima al lector interesado a que no deje de lado estos aspectos a la hora de crear nuevas aplicaciones, sobre todo si van a ser aplicaciones conectadas.

La intención última es que el lector, al finalizar estas páginas, sea capaz de comprender con solidez cómo funciona el ESP32-S3, cómo se articulan sus periféricos, cómo se diseñan aplicaciones embebidas robustas y cómo aprovechar de forma profesional las herramientas que ofrece su SDK. Si este conocimiento impulsa al lector a crear proyectos reales, experimentar y seguir aprendiendo, el propósito del libro estará plenamente cumplido.

2

EL ENTORNO DE PROGRAMACIÓN

El entorno de programación utilizado a lo largo de este libro se basa en Visual Studio Code (VSCode) junto con la extensión oficial de ESP-IDF proporcionada por Espressif. Esta combinación ofrece un entorno de desarrollo integrado, multiplataforma y altamente configurable, adecuado tanto para proyectos sencillos como para aplicaciones embebidas complejas.

Visual Studio Code es un editor multiplataforma, disponible para Windows, Linux y macOS, lo que facilita la portabilidad del entorno de trabajo entre distintos sistemas operativos sin cambios en la configuración del proyecto. A pesar de su ligereza, ofrece capacidades avanzadas como autocompletado inteligente, navegación por código, integración con sistemas de control de versiones y depuración integrada. Su arquitectura modular basada en extensiones permite ampliar funcionalidades únicamente cuando son necesarias, manteniendo un consumo de recursos contenido. Estas características lo convierten en una herramienta muy útil en programación de aplicaciones para sistemas embebidos.

Una vez instalados Visual Studio Code y la extensión de ESP-IDF, el entorno de trabajo presenta una interfaz similar a la mostrada en la Imagen 1.

Imagen 1. Entorno de desarrollo basado VSCode + ESP-IDF

En la interfaz se distinguen claramente varias zonas funcionales:

- **Zona superior**: barra de menús y configuración general de Visual Studio Code.

- **Zona central**: código.

- **Zona izquierda**: explorador de archivos del proyecto, donde se muestran los directorios principales, los ficheros fuente y los archivos de configuración, como CMakeLists.txt.

- **Zona inferior**: barra de estado y menú de comandos específicos de ESP-IDF, desde donde se controla el flujo de desarrollo, compilación y depuración.

Imagen 2. Menú de Comandos

La Imagen 2 muestra en detalle la barra de comandos de ESP-IDF situada en la parte inferior de VSCode. De izquierda a derecha, los campos más relevantes son los siguientes:

▶ **Versión de ESP-IDF** activa (v5.5.1 en el ejemplo).

▶ ☆ UART Método de programación, pudiendo seleccionarse entre UART, JTAG o DFU

▶ ⎓ COM4 **Puerto serie activo**, correspondiente al dispositivo conectado (COM4 en el ejemplo).

▶ ⚙ esp32s3 **Dispositivo objetivo**, en este caso ESP32-S3.

▶ ⚙ **Configuración avanzada del proyecto** (*menuconfig*). Permite configurar parámetros críticos como la frecuencia de la CPU, el uso de núcleos, opciones del sistema operativo en tiempo real, niveles de optimización del compilador, periféricos habilitados, etc.

▶ 🗑 **Borrado completo del directorio** *build*, útil para forzar una recompilación limpia.

▶ 🔧 **Compilación** del proyecto.

▶ ⚡ Flasheo del *firmware* en el dispositivo ESP32-S3.

▶ 🖥 **Terminal serie**, para la visualización de mensajes de depuración y comunicación con la aplicación.

▶ 🐞 Iniciar depurador.

▶ 👍 **Compilación y flasheo simultáneo** del proyecto.

menuconfig

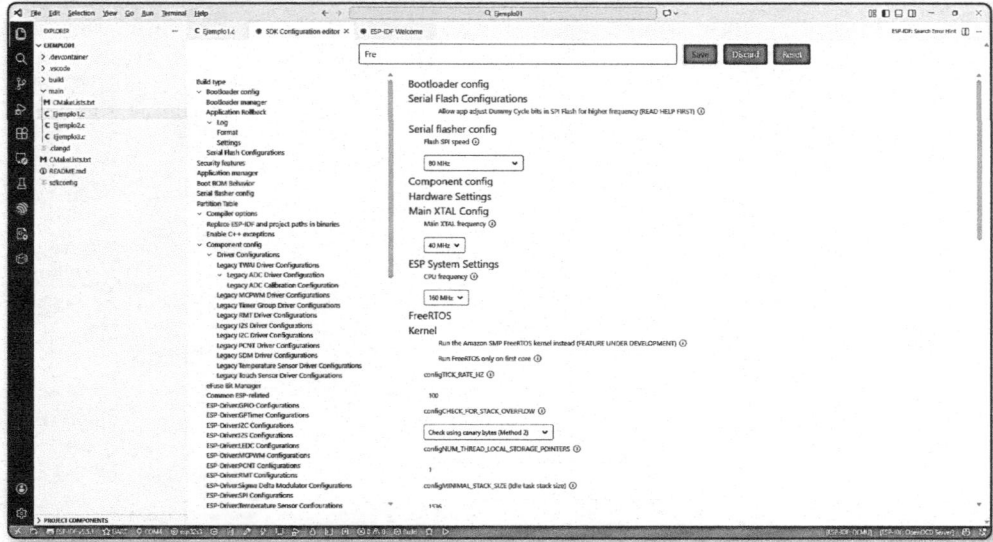

Imagen 3. Menuconfig

Esta herramienta constituye uno de los elementos clave del ecosistema ESP-IDF, ya que permite adaptar el firmware al hardware y a los requisitos de la aplicación sin modificar directamente el código fuente. A lo largo del libro se recurrirá a *menuconfig* para habilitar periféricos, ajustar parámetros del sistema y analizar el impacto de determinadas configuraciones sobre el rendimiento y el consumo.

PARTE I.

PERIFÉRICOS

3

CARACTERÍSTICAS DEL ESP32-S3

El ESP32-S3-WROOM-1-N16R8 [2] es un módulo que incorpora CPU, memoria, antena de comunicaciones y un reloj y que está integrado en la placa de desarrollo ESP32-S3-DevKitC-1 [4]. El módulo está ampliamente utilizado en entornos docentes, prototipos, *makers* y aplicaciones IoT incluye el microcontrolador ESP32-S3 [5] y diversos elementos *hardware* que facilitan el prototipaje rápido para poner en marcha cualquier sistema embebido.

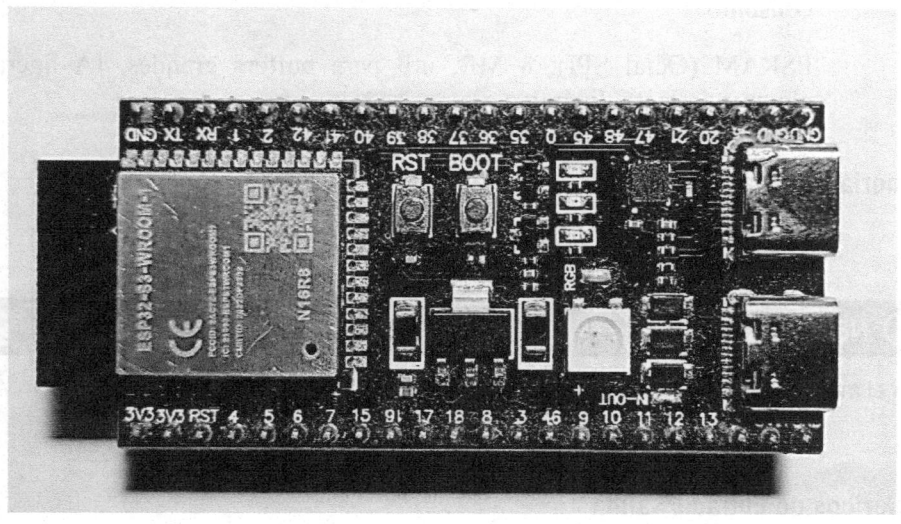

Imagen 4. Placa de desarrollo ESP32-S3-DevKitC-1

A continuación, se resumen las características principales del ESP32-S3.

▶ CPU: doble núcleo Xtensa LX7 de 32 bits.

▶ Frecuencia de trabajo: hasta 240 MHz.

▶ Arquitectura Harvard: buses independientes para instrucciones y datos (mejora el rendimiento).

▶ Unidad vectorial: soporte para instrucciones SIMD destinadas a IA ligera, acelerando operaciones matemáticas y de procesamiento de señales.

▶ FPU: unidad de coma flotante de precisión simple.

▶ Modo bajo consumo: *Light-sleep* y *deep-sleep* con retención parcial de variables en memoria.

Memoria interna

▶ ROM: 384 KB (rutinas de arranque y funciones del sistema).

▶ SRAM: 512 KB para datos y código ejecutable.

▶ RTC SRAM: 16 KB, con posibilidad de retención en modos de bajo consumo.

▶ PSRAM (Octal SPI): 8 MB, útil para buffers grandes, IA ligera y almacenamiento dinámico.

Memoria externa

▶ Flash (Quad SPI): 16 MB.

ⓘ Nota

En el módulo "N16R8", *N16* hace referencia a 16 MB de Flash y *R8* a 8 MB de PSRAM.

Periféricos de Entrada/Salida

▶ GPIO: 36 pines disponibles para funciones digitales y periféricos alternativos.

▶ GPIO Matrix: permite reasignar prácticamente cualquier función interna a cualquier pin (gran flexibilidad de diseño).

Conversión Analógica y Digital

▶ ADC: 2 ADC tipo SAR, 12 bits. Hasta 10 canales por ADC (multiplexados). Modos *oneshot* y DMA.

▶ DAC: no dispone de DAC interno (a diferencia del ESP32 original).

Temporizadores y Contaje

▶ Timers generales GPT: 4 temporizadores de 54 bits.

▶ *System Timer*: temporizador global de 54 bits utilizado por FreeRTOS y el Kernel.

▶ *Watchdog* de diferentes niveles y funciones.

▶ PCNT: contador *hardware* de pulsos (ideal para encoders, velocidad, RPM).

Generación de señales

▶ PWM (LEDC): 16–32 canales según configuración. Resolución de hasta 16 bits.

▶ MCPWM: bloque PWM especializado para control de motores. *Dead-time*, sincronización, *carrier modulation*.

Comunicaciones digitales

▶ UART (2 unidades): comunicación serie clásica (RS-232 con *transceiver* adecuado).

▶ I2C (2 unidades): comunicación con sensores y periféricos.

▶ SPI (4 unidades): comunicación de alta velocidad con memoria o dispositivos externos.

▶ I2S: interfaces de audio.

▶ USB OTG: controlador USB 1.1 con modo *device y host*.

▶ Ideal para HID, CDC, almacenamiento, MIDI, etc.

▶ CAN (TWAI): compatible con CAN 2.0B.

▶ JTAG: depuración profesional mediante OpenOCD.

Comunicaciones inalámbricas

▸ Wi-Fi 802.11 b/g/n: hasta 150 Mbps, Modos STA/AP/STA+AP.

▸ Bluetooth 5 (LE): BLE *Advertising*, GATT, modo HID, de salida mejorada.

▸ Antena: antena PCB integrada de 2.4 GHz.

Sensores integrados

▸ Sensor táctil capacitivo (*touch*): permite entradas táctiles sin botones mecánicos.

▸ Sensor de temperatura interno: aproximado, útil para compensaciones térmicas o detección de sobre temperatura.

Las aplicaciones más habituales de este microcontrolador según la propia *Espressif System* [2] son las siguientes:

▸ Hogar Inteligente.

▸ Automatización Industrial.

▸ Cuidado de la Salud.

▸ Electrónica de Consumo.

▸ Agricultura Inteligente.

▸ Terminales de Punto de Venta (POS).

▸ Robots de Servicio.

▸ Dispositivos de Audio.

▸ Concentradores IoT de Bajo Consumo.

▸ Registradores de Datos IoT de Bajo Consumo.

▸ Cámaras para *Video Streaming*.

▸ Dispositivos USB.

▸ Reconocimiento de Voz.

▸ Reconocimiento de Imágenes.

▸ Tarjeta de Red Wi-Fi + Bluetooth.

▸ Detección Táctil y de Proximidad.

La información detallada de la placa de desarrollo se puede encontrar en [4]. Los ejemplos de este libro utilizarán preferentemente los GPIO 4 al 7 por facilidad de conexión. Se debe comprobar que el GPIO utilizado no interfiere con otra función crítica de la aplicación.

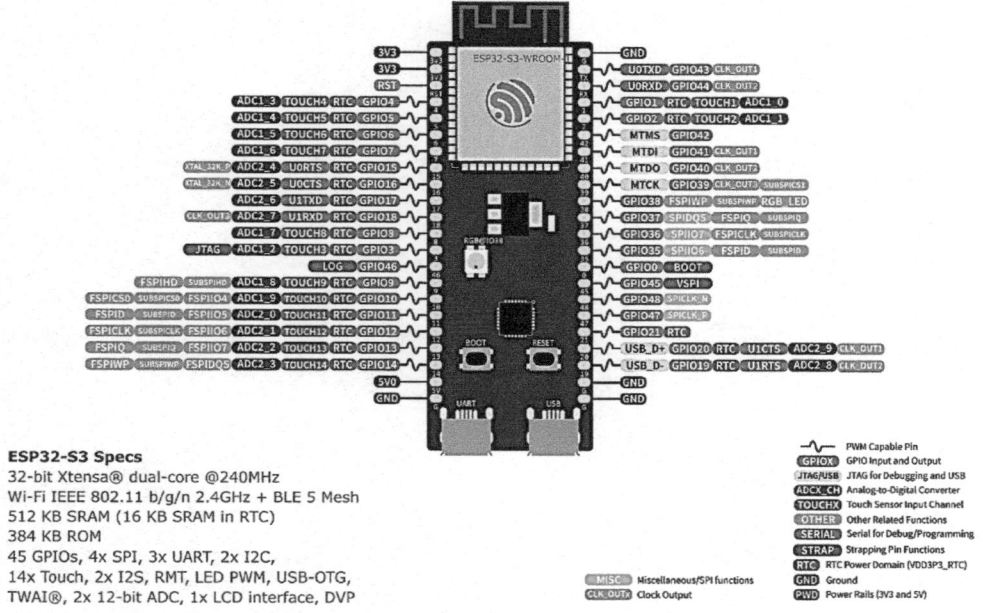

ESP32-S3 Specs
32-bit Xtensa® dual-core @240MHz
Wi-Fi IEEE 802.11 b/g/n 2.4GHz + BLE 5 Mesh
512 KB SRAM (16 KB SRAM in RTC)
384 KB ROM
45 GPIOs, 4x SPI, 3x UART, 2x I2C,
14x Touch, 2x I2S, RMT, LED PWM, USB-OTG,
TWAI®, 2x 12-bit ADC, 1x LCD interface, DVP

Imagen 5. Pines y GPIO de la placa de desarrollo ESP32-S3-DevKitC-1

4

ENTRADAS Y SALIDAS DIGITALES

Una entrada digital de un microcontrolador sirve para leer el estado lógico de una señal de tensión externa. Detecta si el nivel es alto (3,3V) o bajo (0V) como '1' o '0'. Su uso está asociado entre otros, a interruptores, pulsadores y sensores que producen salidas todo-nada.

Una salida digital sirve para establecer un nivel lógico '0' o '1' hacia el exterior. Habitualmente ese nivel lógico '0' o '1' corresponderá con un nivel de tensión de 0V o 3,3V, aunque también será posible configurarlo como alta o baja impedancia para la gestión de buses. Una salida digital permite activar LED, transistores, relés o cualquier dispositivo que acepte señales lógicas (se denominará *carga* de forma genérica). A diferencia de las entradas, la salida sí debe entregar o absorber corriente.

Es importante tener en cuenta que cada pin de salida solo puede manejar una corriente limitada (típicamente unos pocos mA), por lo que se debe calcular la corriente máxima que va a consumir la carga antes de realizar cualquier tipo de conexionado.

Los puertos denominados como GPIO (*General Purpose Input Output*) se pueden configurar a través de *software* como entradas o como salidas digitales.

Es conveniente revisar algunos conceptos básicos antes de empezar con los modos de configuración.

4.1 ENTRADAS EN PULL-UP Y PULL-DOWN

Supongamos que tenemos un pulsador (SW). Para leer la señal binaria pulsado/no-pulsado, será necesario usar una resistencia de *pull-up* o *pull-down* que fije un nivel de tensión que pueda ser leído por la entrada digital. Opcionalmente se añadirá un condensador (filtro RC) para filtrar el rebote mecánico.

- ⚑ En *pull-down*, la entrada GPIOx está normalmente a GND a través de R, y cuando se pulsa SW, se observarán 3,3V, es decir un '1' lógico.

- ⚑ En *pull-up*, la entrada GPIOx está normalmente a Vcc (3,3V) a través de R, y cuando se pulsa SW, se observarán 0V, es decir un '0' lógico.

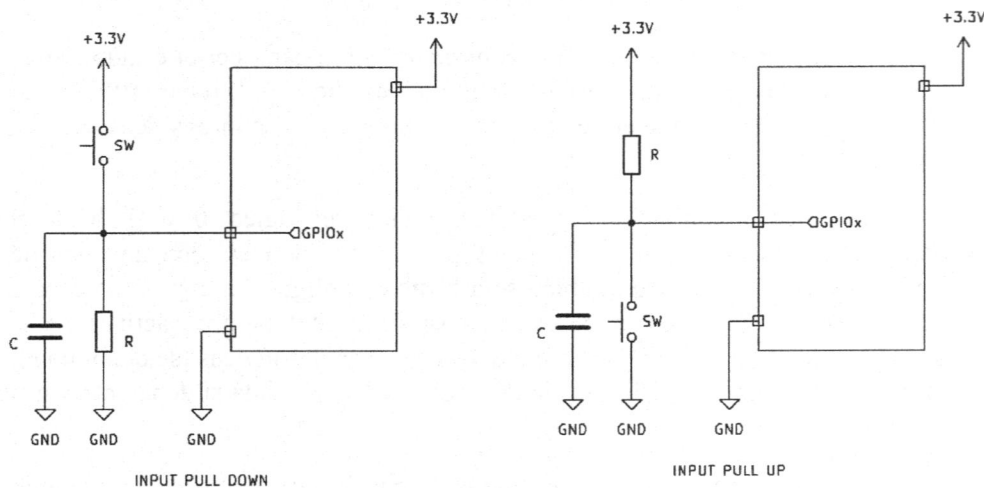

Imagen 6. Configuración de Entradas Digitales con Resistencias Externas

Los microcontroladores modernos permiten eliminar esta resistencia externa R haciendo uso de las resistencias de acople internas, *weak-pull-down* (WPD) o *weak-pull-up* (WPU). En el ESP32-S3 la resistencia interna es de 45 kΩ. En la siguiente imagen sacada de la documentación del fabricante [2] se puede observar la ubicación de las resistencias de *pull-up* y *pull-down*.

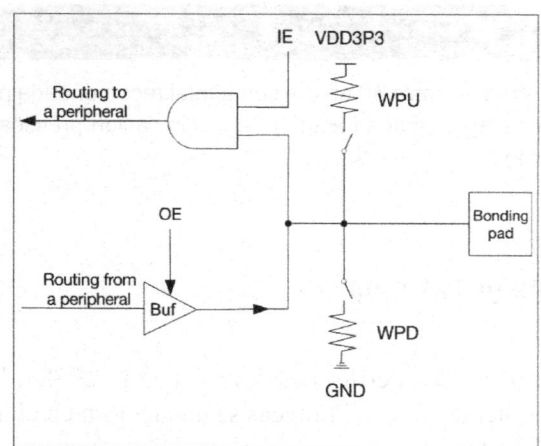

Imagen 7. Configuración de Entradas Digitales con Resistencias Internas

Las GPIO pueden configurarse como salidas en dos modos:

▶ *Push-pull*: la salida establece un nivel lógico en forma de tensión 0V o 3,3V.

▶ Colector abierto (*open-drain*). Usado normalmente en buses, como el I²C.

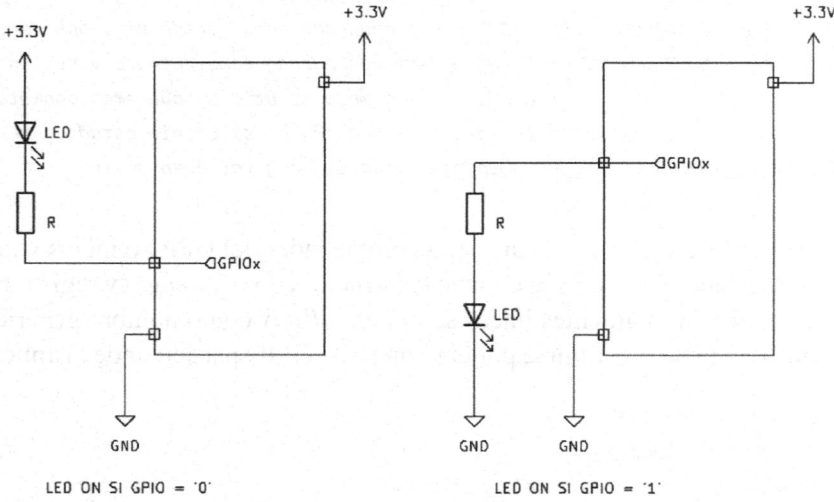

Imagen 8. Salidas digitales en Push-Pull bajo y alto

Nota

Aunque cada GPIO soporta hasta 40 mA, la suma total recomendada para el conjunto de GPIO no debe superar aproximadamente 140 mA (limitación práctica por la capacidad de los *drivers* internos).

4.2 CONFIGURACIÓN DE LOS GPIO

Para poder utilizar los periféricos del microcontrolador, hay que incluir las bibliotecas correspondientes. Las bibliotecas se encuentran en el directorio donde se hizo la instalación del SDK.

La biblioteca para manejar las entradas y salidas digitales es: "gpio.h".

Para configurar el puerto GPIOx como entrada o salida (*pull-up* o *pull-down*) se usará *gpio_set_direction* y una serie de propiedades (*mode*):

```
esp_err_t gpio_set_direction(gpio_num_t gpio_num, gpio_mode_t mode);
gpio_num: el número del GPIO
mode:       el modo:
   GPIO_MODE_DISABLE:      El GPIO está deshabilitado.
   GPIO_MODE_INPUT:        El GPIO está configurado como entrada digital.
   GPIO_MODE_OUTPUT:       El GPIO está configurado como salida digital.
   GPIO_MODE_OUTPUT_OD:    El GPIO está configurado como salida dig. open drain.
   GPIO_MODE_INPUT_OUTPUT: El GPIO está configurado como entrada y salida
                           digital. Este modo es útil si queremos conmutar
                           la salida en función de su propio estado.
   GPIO_MODE_INPUT_OUTPUT_OD:   Entrada y salida digital open drain.
```

Sin embargo, para configurar otras propiedades del GPIO o incluso también la dirección se debe usar preferentemente la estructura *gpio_config_t* y registrarla con *gpio_config()*. En las siguientes líneas se utiliza *GPIOx* como nombre genérico. En el programa real debe substituirse por el número de GPIO particular de la aplicación.

```
//se crea la estructura gpio_config_t
gpio_config_t myGPIOconfig;
//Se configura la estructura gpio_config_t
myGPIOconfig.pin_bit_mask = 1ULL << GPIOx;      //máscara para seleccionar
                                                //GPIOx
myGPIOconfig.mode         = GPIO_MODE_INPUT;    //input
```

```
myGPIOconfig.pull_up_en   = true;              //pull-up habilitada
myGPIOconfig.pull_down_en = false;             //pull-down deshabilitada
myGPIOconfig.intr_type    = GPIO_INTR_DISABLE;   //se detallará más adelante

//se registra el pin.
esp_err_t gpio_reset_pin(gpio_num_t gpio_num);
```

Para cambiar el estado de la salida:

```
esp_err_t gpio_set_level(gpio_num_t gpio_num, uint32_t level);
gpio_num: el número del GPIO
level: 1-Nivel alto, 0-Nivel bajo
```

Para leer el estado de una entrada:

```
esp_err_t gpio_get_level(gpio_num_t gpio_num);
```

Estando en un punto muy inicial de aprendizaje, se introduce a continuación la primera función de FreeRTOS: *vTaskDelay*. Esta función bloquea la ejecución de la CPU un tiempo determinado en *ticks* de reloj. A lo largo del libro se describirán técnicas mejores para gestionar el tiempo, pero en una primera aproximación, puede ser de utilidad.

```
#include "freertos/FreeRTOS.h"
#include "freertos/task.h"
vTaskDelay(const TickType_t xTicksToDelay);
```

Para convertir los *ticks* del procesador en milisegundos, se puede usar la macro:

```
pdMS_TO_TICKS
```

Así por ejemplo para esperar 1 segundo, se define una constante auxiliar *MyDelay* y se utiliza como argumento de vTaskDelay.

```
const TickType_t MyDelay = pdMS_TO_TICKS(1000);
vTaskDelay( MyDelay );
```

O bien todo junto:

```
vTaskDelay( pdMS_TO_TICKS(1000));
```

 **Nota**

Para usar "gpio.h", hay que añadir el recurso *driver* en el *makefile*:

```
idf_component_register(SRCS "main.c"
                       PRIV_REQUIRES driver
                       INCLUDE_DIRS ".")
```

Ejemplo 1. Salidas digitales.

Led conectado a GPIO4 que cambia de estado cada segundo, generando una señal de frecuencia 0,5 Hz.

```c
#include "driver/gpio.h"
#include "freertos/FreeRTOS.h"


#define LED4 4


int state = 0; //variable que almacena el estado del LED en GPIO4


void app_main(void)
{
    //configura GPIO4 como salida digital
    gpio_set_direction(LED4, GPIO_MODE_OUTPUT);

    while(1)
    {
        //establece nivel
        gpio_set_level(LED4, state);
        state = !state;

        //Delay 1 segundo = 1000ms, (frecuencia = 0,5Hz)
        vTaskDelay(pdMS_TO_TICKS(1000));
    }
}
```

Ejemplo 2. Entradas digitales. Leyendo un flanco de bajada

Led conectado a GPIO4 que cambia de estado cada vez que se pulsa BOOT. Se detecta el flanco de bajada de GPIO4 comparando el valor de la entrada digital en dos momentos, momento del ciclo anterior y momento actual. Si son diferentes y la entrada actual está a nivel bajo es que hay un flanco de bajada.

(i) Notas

1) BOOT está cableado en el GPIO0. Cuando se pulsa, pone la patilla de GPIO0 a 0V, por lo que será necesario configurarla como *pull-up*.

2) Los pulsadores presentan rebote mecánico (*bouncing*). Por simplicidad no se trata aquí, pero en aplicaciones reales debe filtrarse mediante *hardware* o *software* (*debouncing*).

```c
#include "driver/gpio.h"
#include "freertos/FreeRTOS.h"


#define LED4 4      //GPIO4
#define PULS 0      //GPIO0 -> BOOT


int pulsador, pulsador1 = 0;

void app_main(void)
{
    //establece Entradas y Salidas
    gpio_config_t io_conf = {
        .pin_bit_mask = 1ULL << PULS,
        .mode         = GPIO_MODE_INPUT,
        .pull_up_en   = true,           //pull-up habilitada
        .pull_down_en = false,          //pull-down deshabilitada
    };
    gpio_config(&io_conf);
    gpio_set_direction(LED4, GPIO_MODE_INPUT_OUTPUT);

    while(1)
    {
        pulsador  = gpio_get_level(PULS);       //Lee la entrada

        //compara actual y anterior, si ha habido cambio es que hay un flanco
        if ((pulsador != pulsador1)&&(pulsador == 0)){
            gpio_set_level(LED4, !gpio_get_level(LED4));
        }
        pulsador1 = pulsador;                   // valor anterior <- actual

        vTaskDelay(pdMS_TO_TICKS(10));          //Delay 10 ms
    }
}
```

El código del ejemplo anterior lee las entradas digitales de forma continua en una técnica denominada *polling*. Esta técnica es aceptable en programas sencillos, pero si la CPU está ocupada en otros procesos, puede incurrir en retrasos excesivos hasta que se procesa el cambio de la señal.

Como alternativa, cuando se detecta un cambio en la entrada, se pueden utilizar interrupciones para redirigir el código a una rutina que atienda ese evento. Esta rutina se conoce como rutina de atención a la interrupción o rutina de servicio de interrupción (ISR). Ten en cuenta las siguientes recomendaciones a la hora de trabajar con rutinas de atención a la interrupción:

▼ La ISR debe ser lo más corta posible.

▼ No se deben llamar a funciones que sean bloqueantes.

▼ *gpio_set_level* es seguro, pero *printf* no.

▼ Si necesitas lógica compleja, utiliza un *flag* y gestiona la acción desde *app_main*.

Para definir la ISR asociada a la entrada digital, se necesita en primer lugar configurar el pin GPIO. Se utilizará para ello la estructura *gpio_config_t* vista anteriormente y dos campos adicionales: *.pin_bit_mask* y *.intr_type*:

```
//se creac la estructura gpio_config_t
gpio_config_t myGPIOconfig;


//Se configuran varios campos adicionales de la estructura gpio_config_t
myGPIOconfig.pin_bit_mask = 1ULL << GPIOx;      //configuración de GPIOx
myGPIOconfig.mode         = GPIO_MODE_INPUT;    //como entrada
myGPIOconfig.intr_type    = GPIO_INTR_NEGEDGE;  //flanco de bajada en caso de
                                                //interrupciones asociadas
//se registra el pin.
esp_err_t gpio_config(const gpio_config_t *pGPIOConfig);


//ser registra la rutina de atención a la interrupción:
esp_err_t gpio_install_isr_service(int intr_alloc_flags)
esp_err_t gpio_isr_handler_add(gpio_num_t gpio_num,
                               gpio_isr_t ISR_handler,
                               void *args)
```

ISR_handler es el nombre de la rutina de atención a la interrupción a la cual se redirige el código cuando se produce la interrupción:

```
static void IRAM_ATTR ISR_handler (void *args)
{
    //rutina ISR... mantener lo más corta posible
}
```

La rutina se puede activar por diversos motivos, esto se configura a través del campo: *.intr_type* dentro de la estructura *gpio_config_t*. Por ejemplo:

```
myGPIOconfig.intr_type = GPIO_INTR_NEGEDGE;    // Flanco de bajada
myGPIOconfig.intr_type = GPIO_INTR_POSEDGE;    // Flanco de subida
myGPIOconfig.intr_type = GPIO_INTR_ANYEDGE;    // Ambos flancos
myGPIOconfig.intr_type = GPIO_INTR_LOW_LEVEL;  // Nivel bajo
myGPIOconfig.intr_type = GPIO_INTR_HIGH_LEVEL; // Nivel alto
myGPIOconfig.intr_type = GPIO_INTR_DISABLE;    // Sin interrupción
```

Ejemplo 3. Entradas digitales por interrupción.

Led conectado a GPIO4 que cambia de estado cada vez que se pulsa BOOT por medio de interrupciones.

```
#include "freertos/FreeRTOS.h"
#include "driver/gpio.h"


#define LED4      4
#define PULS_ISR 0


//------------ISR--------------------
static void IRAM_ATTR ExtPin0_ISR_handler(void *args)
{
   gpio_set_level(LED4, !gpio_get_level(LED4)); //conmuta estado del LED
}


//-----------------------------------
void app_main(void)
{
   //GPIO4 como salida digital (GPIO_MODE_OUTPUT o GPIO_MODE_INPUT_OUTPUT)
   gpio_set_direction(LED4, GPIO_MODE_INPUT_OUTPUT);


   gpio_config_t  myGPIOconfig;            //estructura de configuración input
```

```
//Se configura la estructura gpio_config_t
myGPIOconfig.pin_bit_mask = 1ULL<< PULS_ISR;  //GPIO PULS_ISR asociado a la
                                              //interrupción
myGPIOconfig.mode         = GPIO_MODE_INPUT;  //GPIO es entrada
myGPIOconfig.pull_up_en   = true;             //pull-up habilitada
myGPIOconfig.pull_down_en = false;            //pull-down deshabilitada
myGPIOconfig.intr_type    = GPIO_INTR_NEGEDGE;//Flanco de bajada


gpio_config(&myGPIOconfig);              //registra el pin y su configuración


gpio_install_isr_service(0);            //registra la rutina la ISR


gpio_isr_handler_add(PULS_ISR, ExtPinO_ISR_handler, NULL);


while(1)
{
    //no hay que hacer nada en el bucle principal.
    vTaskDelay(pdMS_TO_TICKS(1));
}
}
```

4.3 EJERCICIOS

▶ Escribe un programa que encienda un led conectado en GPIO4. El LED tendrá el cátodo (patilla corta) a GND. Intercalar una resistencia limitadora R externa para que la corriente por la salida digital esté limitada a 5 mA. El LED por defecto estará encendido y cuando esté pulsado BOOT, el LED se apagará. Dato: la caída de tensión en un LED es de aproximadamente 1,7V (aunque depende del color).

▶ Repetir el ejercicio anterior, pero esta vez con el ánodo a Vcc = 3,3V.

▶ Configurar la salida digital como colector abierto y conectar un led y su resistencia limitadora a una fuente externa de 5V. Hacer conmutar el led a una frecuencia de 1 Hz.

▶ Con dos LED conectados en GPIO4 y GPIO5, escribe un programa que encienda uno y apague el otro cada vez que se pulse BOOT.

5

DEPURANDO UN PROGRAMA

Al desarrollar aplicaciones para microcontroladores y en general cuando se programa cualquier cosa, el desarrollador se puede encontrar con el problema de que el código no hace exactamente lo que se había pensado. Hay que depurarlo y encontrar dónde está el problema. En el entorno de los sistemas embebidos y en particular con el ESP32-S3, se disponen de tres formas de depurar un programa.

 ▶ Por medio de un simulador.

 ▶ A través de mensajes enviados por la UART al terminal serie. Si bien esta forma no es la más adecuada cuando hay eventos dependientes del tiempo o lógicas muy complicadas, es el método más simple y rápido.

 ▶ A través de un programador – depurador externo y un protocolo de comunicación denominado JTAG (si el microcontrolador lo soporta). Este método es el más completo. Permite detener el flujo del programa en diferentes puntos del código, modificar registros y variables y visualizar condiciones lógicas de ejecución sobre el código del programa directamente.

5.1 DEPURANDO A TRAVÉS DEL TERMINAL SERIE

La primera forma de depurar el programa es a través de la UART y del terminal serie que viene incorporado en el SDK de ESP-IDF. Para mostrar datos por el terminal, se utilizará la función *printf( )* dentro del código. Esta función *printf* tiene el mismo formato y argumentos que *printf* de C/C++ pero la salida de los datos se redirige al terminal serie. La velocidad de transmisión es configurable, aunque normalmente se debería seleccionar la más alta: 115200 baudios. Para poder utilizar *printf*, se necesita incluir la biblioteca "stdio.h".

Ejemplo 4. Mensaje desde ESP32-S3 al terminal serie de VSCode.

El siguiente programa modifica el ejemplo del capítulo anterior de forma que cada vez que se pulsa BOOT, se recibe un mensaje a través del terminal serie.

```c
#include "stdio.h"
#include "freertos/FreeRTOS.h"
#include "freertos/task.h"
#include "driver/gpio.h"


#define LED4      4
#define PULS_ISR  0


volatile int flag_INT_ext = false;     //flag para interrupción externa

//-------------ISR--------------------
static void IRAM_ATTR ExtPin0_ISR_handler(void *args)
{
   gpio_set_level(LED4, !gpio_get_level(LED4));  //conmuta estado
   flag_INT_ext = true;                          //setea flag
}


//------------------------------------
void app_main(void)
{
   //GPIO4 como salida digital (GPIO_MODE_OUTPUT o GPIO_MODE_INPUT_OUTPUT)
   gpio_set_direction(LED4, GPIO_MODE_INPUT_OUTPUT);


   gpio_config_t  myGPIOconfig;                  //estructura de configuración


   //se configura la estructura gpio_config_t
   myGPIOconfig.pin_bit_mask = 1ULL<< PULS_ISR;  //GPIO PULS_ISR asociado a la
                                                 //interrupción
   myGPIOconfig.mode         = GPIO_MODE_INPUT;  //GPIO es entrada
   myGPIOconfig.pull_up_en   = true;             //pull-up habilitada
   myGPIOconfig.pull_down_en = false;            //pull-down deshabilitada
   myGPIOconfig.intr_type    = GPIO_INTR_NEGEDGE;//Flanco de bajada
```

```
    gpio_config(&myGPIOconfig);          //registra el pin y su configuración

    gpio_install_isr_service(0);              //registra la rutina ISR
    gpio_isr_handler_add(PULS_ISR, ExtPin0_ISR_handler, NULL);

    int nr_pulsaciones       = 0;                    //contaje de interrupciones

    while(1)
    {
       if (flag_INT_ext)                      //gestiona interr. externa
       {
          flag_INT_ext = false;                      //resetea flag
          printf("BOOT pulsado %d\n", nr_pulsaciones++); //imprime por terminal
       }

       vTaskDelay(pdMS_TO_TICKS(1));
    }
}
```

5.2 DEPURANDO A TRAVÉS DE JTAG

Si estás utilizando la placa de desarrollo ESP32-S3 DevKitC-1 habrás observado que hay dos terminales de tipo USB-C. El conector USB-C de la derecha sirve para programar la placa además de conectar la UART de la placa con el terminal Serie del PC, pero dado que la mayoría de los ordenadores modernos no incorporan un terminal serie nativo, el fabricante de la placa de desarrollo incorpora un convertidor RS-232-USB (chip CH343), de forma que la conexión con el PC se hace por medio de USB. El conector USB-C de la izquierda se puede utilizar como **conexión USB nativa** o para depuración a través de JTAG. En el esquema eléctrico [6] se pueden ver las siguientes conexiones:

▸ Línea roja: de UART0 a convertidor RS-232/USB (CH343) y línea verde convertidor RS-232/USB (CH343) a terminal USB-C (Termina Serie).

▸ Línea azul claro: de GPIO19 y GPIO20 directamente a USB-C (USB-nativo/JTAG). Es decir, se dispone de un puerto de depuración completo integrado en la placa.

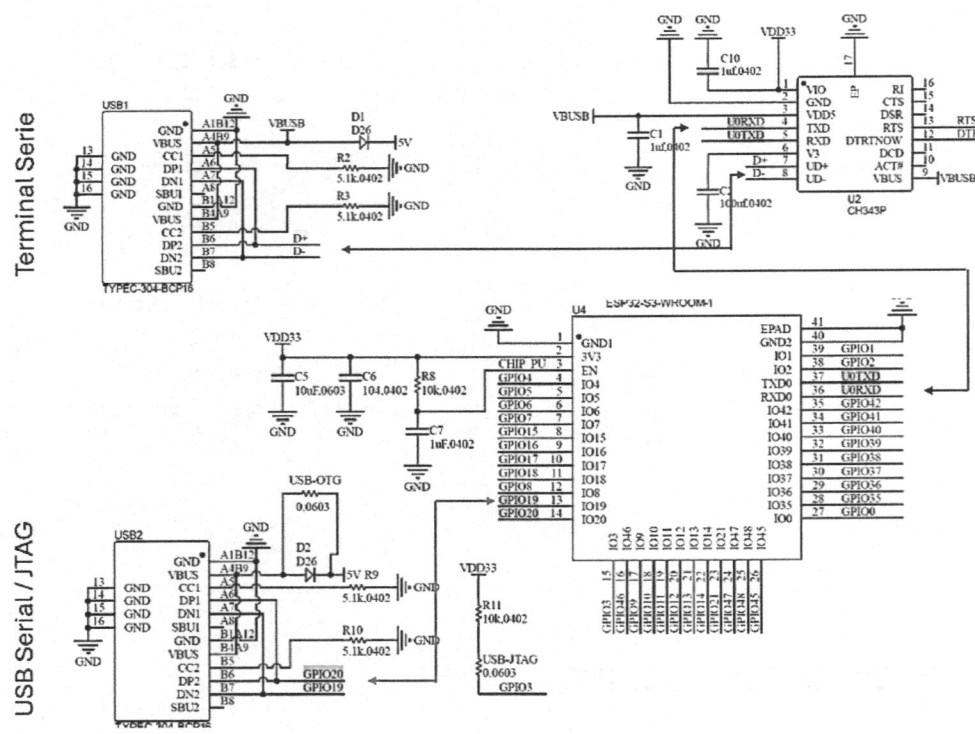

Imagen 9. Conexionado de los terminales USB-C

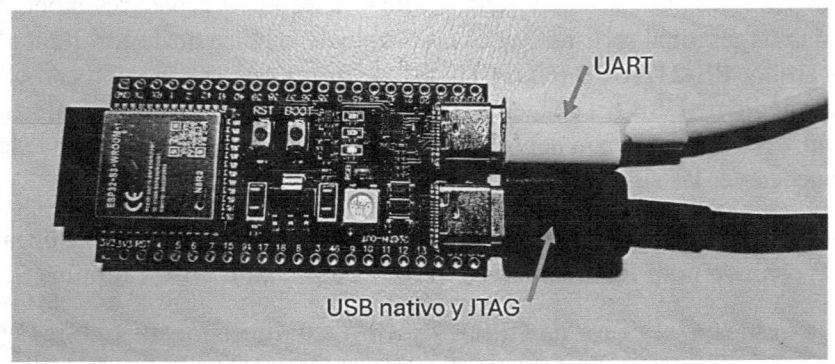

Imagen 10. Conexión UART y USB nativo con JTAG

Partiendo de un programa creado a partir de la plantilla *"Hello World"*. Compilar y *flashear* el ESP32-S3 a través del puerto serie.

Conectar otro cable USB-C en el terminal *"USB-Serial/JTAG"*. Al conectar el nuevo cable aparecerá un nuevo puerto disponible. En este ejemplo, el COM1 es un puerto de Windows que no se utiliza. El COM4 es el del terminal serie que se comunica a través del convertidor USB-Serie CH343 y el COM12 es el nuevo puerto que sirve para depurar el programa. Se identifica como *"USB JTAG/serial debug unit"*.

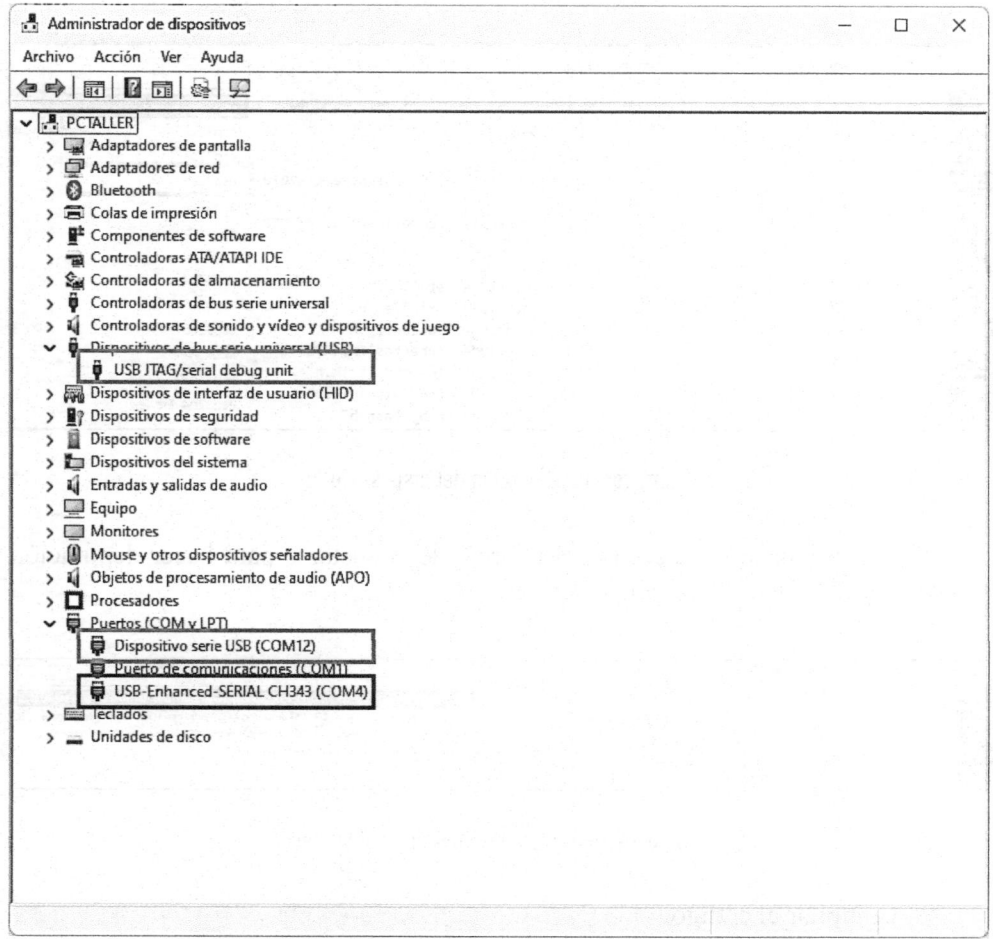

Imagen 11. Conexión de cable para depurar a través de JTAG

Sobre el indicador del tipo de dispositivo, seleccionar ESP32-S3:

Imagen 12. Selección del dispositivo

Aparecerá de nuevo la ventana de selección del dispositivo, seleccionar de nuevo *ESP32-S3*.

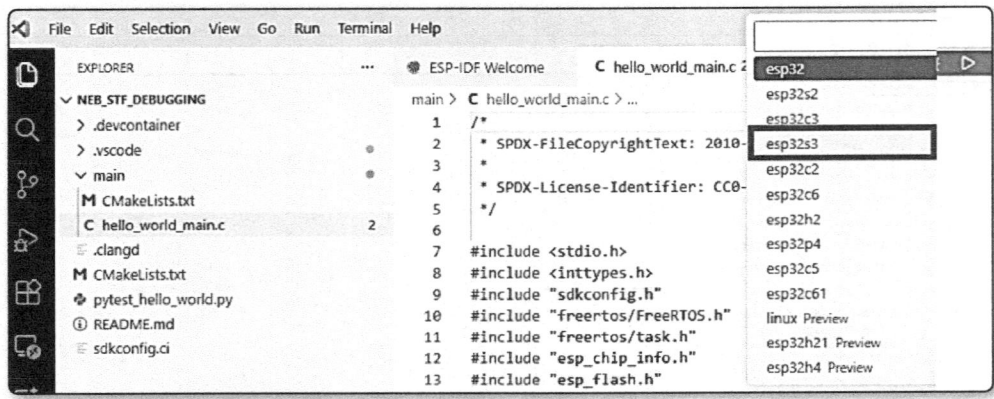

Imagen 13. Selección del dispositivo

A continuación, seleccionar la forma de conectarse para hacer depuración (*vía builtin USB-JTAG*), opción superior.

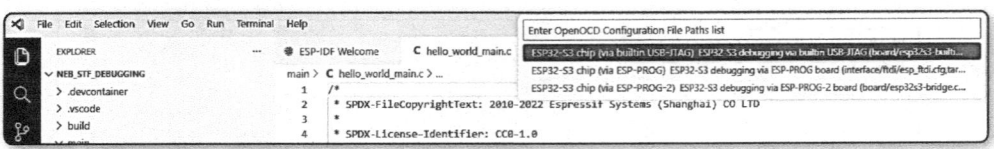

Imagen 14. Selección de conexión de debugger

Compilar el código.

El siguiente paso es iniciar el *debugger*. Sobre el EXPLORER, iniciar el servidor OCD, [*OpenOCD Server*] > Start OpenOCD.

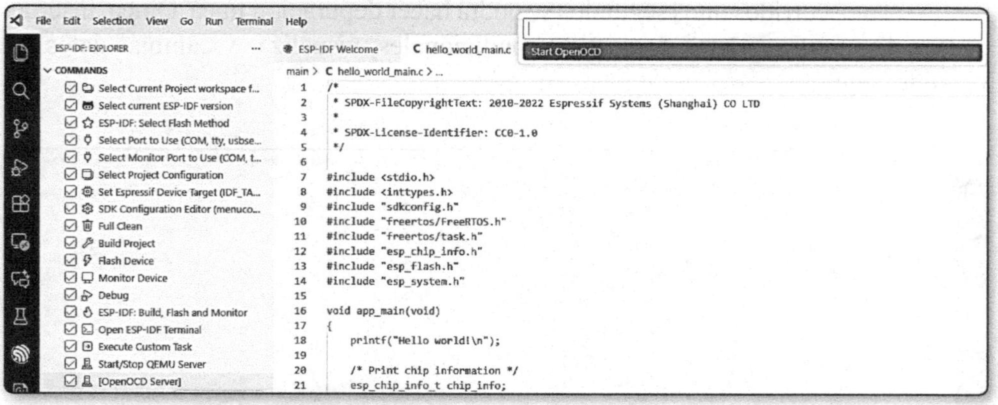

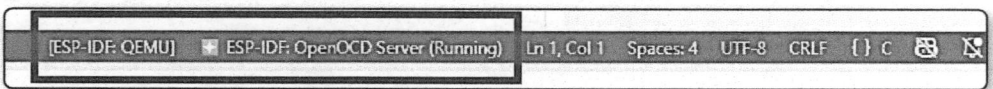

Imagen 15. Iniciando Servidor OCD

Aparecerá en verde un indicador de OCD *server "Running"*.

Imagen 16. Servidor OCD en marcha

Ya se podrá iniciar la depuración del código. Hacer doble *click* en *Debug*.

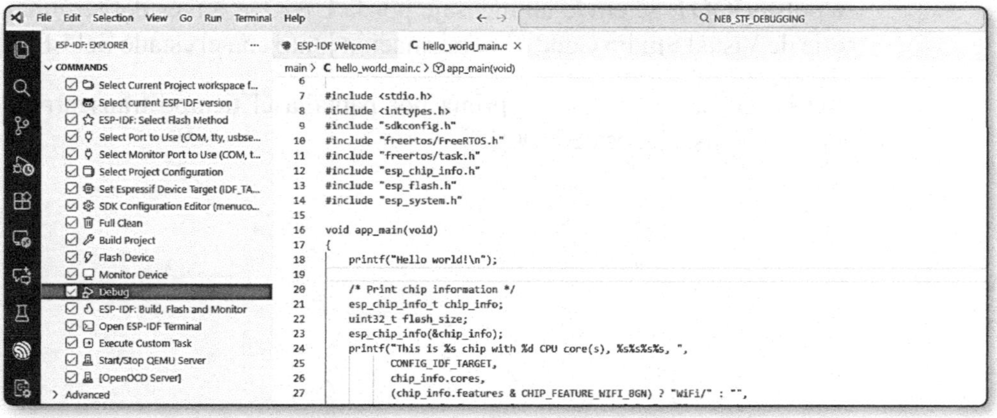

Imagen 17. Iniciando Modo Debug

Transcurridos unos segundos se podrá hacer depuración línea a línea, insertar puntos de ruptura, puntos de ruptura condicionales, visualizar y cambiar datos de variables, etc.

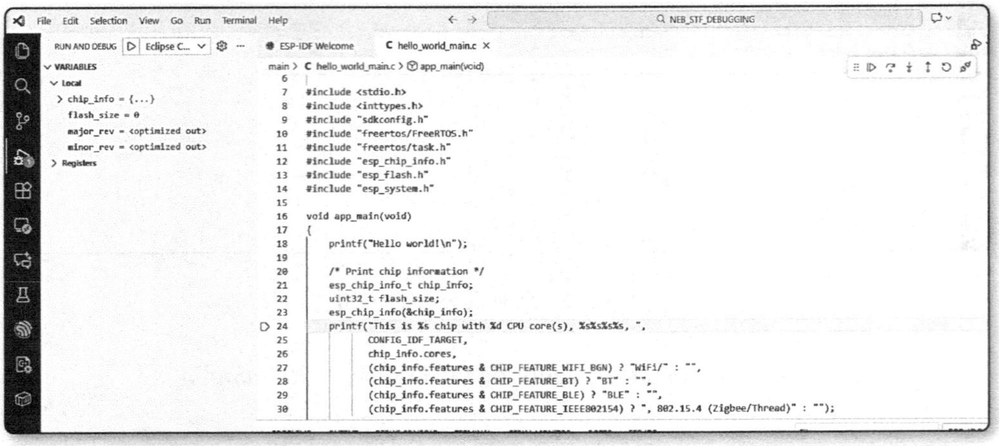

Imagen 18. Breakpoints para ejecución paso a paso

5.3 EJERCICIOS

▶ Modificar los ejercicios del capítulo anterior de forma que cada vez que se pulsa BOOT, se envíe un mensaje por la UART a través del terminal serie de Visual Studio Code de confirmación junto con el estado del LED.

▶ Escribe un programa que imprima por pantalla el tiempo transcurrido entre dos pulsaciones de BOOT.

6

ENTRADAS ANALÓGICAS

El entorno físico que rodea a un microcontrolador es esencialmente analógico: temperatura, humedad, tensión, presión o fuerza son magnitudes continuas. Para medirlas, se emplean sensores o transductores que convierten la variable física en una señal eléctrica, normalmente un nivel de tensión adecuado para su procesamiento.

El valor de tensión generado (señal analógica) por el sensor es convertido a un valor digital mediante el convertidor analógico-digital (ADC) integrado en el microcontrolador. El resultado se almacena en una variable de tipo entero cuyo rango depende de la resolución del ADC. Por ejemplo, si la precisión del ADC es de 8 bits, será posible observar una medida M en M/256 rangos diferentes. Si la resolución fuera de 12 bits, se dispondrían hasta 4096 niveles.

El ESP32-S3 integra dos ADC de tipo SAR (*successive approximation*) de 12 bits de resolución, una cifra modesta comparada con dispositivos de 14–16 bits, pero suficiente para la mayoría de las aplicaciones embebidas. Cada ADC está multiplexado internamente para 10 entradas analógicas, sumando un total de 20 pines utilizables.

La conversión analógico – digital es un proceso que lleva un cierto tiempo (ns o µs) por lo que, en sistemas de tiempo real debe evaluarse el impacto de la frecuencia de muestreo.

La tensión máxima admisible es de 3,3V y el valor analógico en la entrada del pin no debe exceder 3,6V para no dañar el microcontrolador.

En el ESP32-S3, los 20 pines analógicos están asociados a 2 ADC:

- SAR ADC1 conectado a GPIO1 a GPIO10.
- SAR ADC2 conectado a GPIO11 a GPIO20.

Se puede trabajar de dos formas: por petición puntual y bloqueo de dato (*one-shot*) o por medio de lectura continua e interrupciones y DMA (*Direct Memory Access*).

6.1 CONFIGURACIÓN DEL ADC POR MEDIDA PUNTUAL

Este modo bloquea la CPU hasta que finaliza la conversión, por lo que es adecuado únicamente para lecturas esporádicas o sistemas sin requisitos estrictos de tiempo real.

Bibliotecas necesarias:

```
#include "esp_adc/adc_oneshot.h"
#include "esp_adc/adc_cali.h"
#include "esp_adc/adc_cali_scheme.h"
```

Inicialización. Se usa un *handler* y la estructura *adc_oneshot_unit_init_cfg_t*:

```
adc_oneshot_unit_handle_t adc1_handle;
adc_oneshot_unit_init_cfg_t init_config =
{
    .unit_id = ADC_UNIT_1,      // puede ser [ADC_UNIT_0 | ADC_UNIT_1]
};
```

Registra el *handler*:

```
esp_err_t adc_oneshot_new_unit(const adc_oneshot_unit_init_cfg_t *init_config,
                          adc_oneshot_unit_handle_t *ret_unit);
```

A continuación, se configura el ADC para que lea el canal asociado al GPIO con la resolución y la escala conveniente (normalmente la máxima disponible). Se deberá tener en cuenta que un canal GPIO (x) usará el canal (x-1), por ejemplo, el GPIO7 usa el canal 6 (ADC_CHANNEL_6).

```
adc_oneshot_chan_cfg_t config = {
    .atten   = ADC_ATTEN_DB_12,
    .bitwidth = ADC_BITWIDTH_DEFAULT,
};
esp_err_t adc_oneshot_config_channel(adc_oneshot_unit_handle_t handle,
                          adc_channel_t channel,
                          const adc_oneshot_chan_cfg_t *config);
```

Una vez configurado el ADC, solamente habrá que tomar el dato:

```
esp_err_t adc_oneshot_read (adc_oneshot_unit_handle_t handle,
                            adc_channel_t chan,
                            int *out_raw);
```

Nota

A la hora de compilar, hay que tener en cuenta que habrá que incluir el componente ADC, es decir en el CMakeLists.txt habrá que añadir: "*REQUIRES esp_adc*".

```
idf_component_register(SRCS "main.c"
                       REQUIRES esp_adc
                       INCLUDE_DIRS ".")
```

Ejemplo 5. Lectura señal analógica con bloqueo.

El siguiente ejemplo, muestra la lectura de una señal analógica, por ejemplo, el cursor de un potenciómetro, conectada en GPIO6 por medio de bloqueo cada 200 ms.

Imprime el resultado por el terminal serie.

```
#include <stdio.h>
#include "freertos/FreeRTOS.h"
#include "soc/soc_caps.h"
#include "esp_adc/adc_oneshot.h"
#include "esp_adc/adc_cali.h"
#include "esp_adc/adc_cali_scheme.h"


//SAR ADC1
#define ADC1_CHANN          ADC_CHANNEL_5 //<-> GPIO6
#define ADC_ATTEN           ADC_ATTEN_DB_12


static int adc_raw;

void app_main(void)
{
    //-------------Incia SAR ADC1 --------
    adc_oneshot_unit_handle_t adc1_handle;
    adc_oneshot_unit_init_cfg_t init_config1 = {
```

```
    .unit_id = ADC_UNIT_1,
};
adc_oneshot_new_unit(&init_config1, &adc1_handle);


//------------Configura SAR ADC1 ------
adc_oneshot_chan_cfg_t config = {
    .atten   = ADC_ATTEN,
    .bitwidth = ADC_BITWIDTH_DEFAULT,
};
adc_oneshot_config_channel(adc1_handle, ADC1_CHANN , &config);


while (1)
{
    //lectura
    adc_oneshot_read(adc1_handle, ADC1_CHANN, &adc_raw);

    //conversión a voltaje (12 bits de resolución) + muestra por termina
    float voltaje = adc_raw * (3.3 / 4095);
    printf("ADC: %.1f V.\n", voltaje);

    //200 ms de bloqueo
    vTaskDelay(pdMS_TO_TICKS(200));
}
}
```

6.2 CONFIGURACIÓN DEL ADC POR DMA SIN BLOQUEO

Antes de empezar hay que entender varios conceptos importantes dentro de la arquitectura del ESP32-S3.

Frecuencia de adquisición: es la velocidad de muestreo del ADC.

Frame: cada dato que entrega el ADC se almacena en una variable en memoria (*frame*). Cada vez que se llena un *frame* se produce una interrupción de la ISR. Cada muestra ocupa 4 bytes en el *frame*.

Buffer: funciona como una memoria circular. Debe tener al menos el mismo tamaño que *frame* o un múltiplo de éste. Si el *frame* no se vacía porque no se ha leído, se utiliza el siguiente *frame*. Por simplicidad se considerará que *frame* = *buffer*.

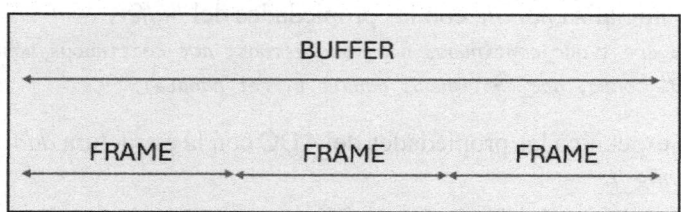

Imagen 19. Diferencia entre buffer y frame

Supongamos que vamos a muestrear un solo canal a una frecuencia de 1000 Hz. Cada 1/1000 s, es decir cada 1 ms, el ADC va a entregar un dato al *frame*. Supongamos que el tamaño del *frame* se define de 256 bytes (tiene que ser múltiplo de 4), entonces cada 256 / 4 = 64 datos o en tiempo, 64 x 1 ms = 64 ms, se generará una interrupción. Esta interrupción nos indicará que hay un *frame* completo disponible para ser leído.

El almacenamiento de datos en el *frame* se hace de forma independiente al programa. La CPU no tiene que estar vigilando el proceso, por eso esta forma de trabajar con el ADC se denomina DMA (*Direct Memory Access*) y es muy eficiente.

Los pasos para configurar el ADC son más complicados que en el caso de lectura puntual y se detallan a continuación. Conviene definir por medio de parámetros algunas constantes:

```
#define BLOCK_SIZE 32      //tamaño del frame y del buffer = 32
#define FREQUENCY  1000    //frecuencia de muestreo = 1000 Hz
#define NUM_ANALOG 1       //entrada analógica en GPIO1
```

1. En primer lugar, se define un *handler* del *timer*: *adc_continuous_handle_t:*

```
adc_continuous_handle_t adc_monitor_handle  = NULL;
```

2. Seguidamente configura el *buffer* del ADC y el tamaño de disparo de la ISR:

```
adc_continuous_handle_cfg_t adc_config =
{
    .max_store_buf_size = BLOCK_SIZE,  // Longitud máx.del buffer
    .conv_frame_size    = BLOCK_SIZE,  // Tamaño del frame. Múltiplos de
                                       // SOC_ADC_DIGI_DATA_BYTES_PER_CONV
                                       //(=4 bytes). Dado que BLOCK_SIZE = 32,
                                       // se puede almacenar BLOCK_SIZE/4 = 8
                                       // datos
};
```

3. Se inicializa *handle* con las propiedades del *buffer*:

```
esp_err_t adc_continuous_new_handle(const adc_continuous_handle_cfg_t
*hdl_config, adc_continuous_handle_t *ret_handle);
```

4. Se especifica las propiedades del ADC con la estructura *adc_continuous_ config_t*:

```
adc_continuous_config_t dig_cfg =
{
    .sample_freq_hz = FREQUENCY ,         //frecuencia en Hertz>625 Hz
    .conv_mode      = MODO*,              //Ver seguidamente
    .format         = ADC_DIGI_OUTPUT_FORMAT_TYPE2,
    .pattern_num    = NUM_ANALOG,         // Número de canales
};
```

ⓘ Nota

La frecuencia más baja de muestreo es de 650 Hz.

MODO puede tomar alguna de estas propiedades:

```
ADC_CONV_SINGLE_UNIT_1  //Usa ADC1 únicamente para la conversión. ADC_
CONV_SINGLE_UNIT_2  //Usa ADC2 únicamente para la conversión.
ADC_CONV_BOTH_UNIT      //Usa ambos ADC1 y ADC2 simultáneamente.
ADC_CONV_ALTER_UNIT     //Usa ADC1 y ADC2 de forma alternante.
```

5. A continuación, se inicializan las propiedades de cada canal que se almacenan en una estructura de tipo *adc_digi_pattern_config_t*. Esta estructura tiene los siguientes campos:

```
typedef struct
{
    uint8_t atten;      //Atenuación del canal ADC: ADC_ATTEN_DB_12
    uint8_t channel;    //Canal ADC en uso: ADC_CHANNEL_0 a 9
    uint8_t unit;       //Unidad ADC: [ADC_UNIT_1 | ADC_UNIT_2]
    uint8_t bit_width;  //Ancho de banda, normalmente:
                        //SOC_ADC_DIGI_MAX_BITWIDTH
} adc_digi_pattern_config_t;
```

Por ejemplo, para el canal '0':

```
adc_digi_pattern_config_t adc_pattern[NUM_ANALOG] = {0};

adc_pattern[0].atten    = ADC_ATTEN_DB_12;
adc_pattern[0].channel  = ADC_CHANNEL_6; // GPIO7[1] → ADC_CHANNEL_6[1]
```

```
adc_pattern[0].unit     = ADC_UNIT_1;
adc_pattern[0].bit_width = SOC_ADC_DIGI_MAX_BITWIDTH;
```

 **Nota**

Recordar que una GPIO(x) usará el canal (x-1).

6. Se copia la configuración a la estructura *dig_cfg*:

```
dig_cfg.adc_pattern = adc_pattern;
```

7. Se registran las propiedades del ADC en el *handler*:

```
esp_err_t adc_continuous_config(adc_continuous_handle_t handle,
                    const adc_continuous_config_t *config);
```

8. Se crea la estructura de *callbacks* y se registra pare definir la función que se utilizará como ISR.

```
adc_continuous_evt_cbs_t cbs =
{
   .on_conv_done = ISR_ADC_DMA,
};
esp_err_t adc_continuous_register_event_callbacks(adc_continuous_
handle_t handle, const adc_continuous_evt_cbs_t *cbs, void *user_data);
```

9. Se arranca el ADC:

```
esp_err_t adc_continuous_start(adc_continuous_handle_t handle);
```

10. En otra parte del código, se deberá crear la ISR, en el ejemplo (*ISR_ADC_DMA*). El nombre de la ISR tiene que coincidir con el *callback* registrado en la estructura *adc_continuous_evt_cbs_t* anterior.

Como recomendación, las ISR no deben ser excesivamente largas ni complejas. Dado que se van a procesar los datos que están en un *frame* y su tamaño puede ser elevado, es mejor realizar la lectura del *buffer* en el bucle principal *app_main*. La mejor opción sería marcar con un *flag* en la interrupción que el *buffer* está lleno y que los datos están disponibles para así luego procesarlos en el bucle principal.

```
static bool IRAM_ATTR ISR_ADC_DMA (adc_continuous_handle_t handle, const
                                   adc_continuous_evt_data_t *edata, void
                                   *user_data);
{
    Flag_ISR_ADC = 1;  //Se marca un flag. Indica que el buffer se ha
                       //llenado y se puede procesar.
}
```

11. Una vez en el bucle principal, es posible acceder al *frame* con *adc_continuous_read*.

```
esp_err_t adc_continuous_read(adc_continuous_handle_t handle,
                              uint8_t *buf,
                              uint32_t length_max,
                              uint32_t *out_length,
                              uint32_t timeout_ms);
```

> ### ⓘ Nota
> Al igual que en el caso de lectura con bloqueo, a la hora de compilar, habrá que indicarle al compilador que debe incluir el componente ADC. En el CMakeLists.txt se deberá añadir "*REQUIRES esp_adc*":

```
idf_component_register(SRCS "main.c"
                       REQUIRES esp_adc
                       INCLUDE_DIRS ".")
```

Ejemplo 6. Lectura de señal analógica por DMA sin bloqueo.

El siguiente ejemplo es una simplificación de la solución propuesta por Espressif para control del convertidor analógico digital por DMA que se encuentra en: \v5.5.1\esp-idf\examples\peripherals\adc\continuous_read\main\continuous_read_main.c.

Se hace una lectura de una señal analógica conectada en GPIO7 a una frecuencia de adquisición de 1000 Hz por medio de DMA usando un *buffer* de 400 bytes. Este *buffer* se llena cada 100 ms generando una interrupción. El *buffer* es promediado y se muestra por el terminal serie.

```c
#include "sdkconfig.h"
#include "esp_log.h"
#include "freertos/FreeRTOS.h"
#include "freertos/task.h"
#include "esp_adc/adc_continuous.h"

volatile int flag_adc = 0;

#define BLOCK_SIZE 400          //con un tamaño de 400 se consigue 0,1 seg.
#define FREQUENCY  1000         //frecuencia del ADC = 1000 Hz
#define NUM_ANALOG 1

//-----------------------ISR--------------------------------------------
static bool IRAM_ATTR ISR_ADC_DMA (adc_continuous_handle_t handle,
                                   const adc_continuous_evt_data_t *edata,
                                   void *user_data)
{
    flag_adc = 1;
    return true;
};
//--------------------app_main------------------------------------------
void app_main(void)
{
    esp_err_t ret;

    adc_continuous_handle_t handle = NULL;

    adc_continuous_handle_cfg_t adc_config =
    {
        .max_store_buf_size = BLOCK_SIZE,  //Longitud máx de los resultados que
                                           //se puede almacenar en el driver
        .conv_frame_size    = BLOCK_SIZE,  //Tamaño del frame. Múltiplos de
                                           //SOC_ADC_DIGI_DATA_BYTES_PER_CONV
                                           //dado que BLOCK_SIZE = 32, se puede
                                           //almacenar BLOCK_SIZE/4 datos
    };

    adc_continuous_new_handle(&adc_config, &handle);     //registra el buffer

    adc_continuous_config_t dig_cfg =
```

```c
{
    .sample_freq_hz = FREQUENCY,                    //frecuencia en Hertz
    .conv_mode      = ADC_CONV_SINGLE_UNIT_1 ,
    .format         = ADC_DIGI_OUTPUT_FORMAT_TYPE2,
    .pattern_num    = NUM_ANALOG,
};


adc_digi_pattern_config_t adc_pattern[NUM_ANALOG] = {0};


adc_pattern[0].atten     = ADC_ATTEN_DB_12;
adc_pattern[0].channel   = ADC_CHANNEL_6;              // GPIO7 → ADC_CHANNEL_6
adc_pattern[0].unit      = ADC_UNIT_1;
adc_pattern[0].bit_width = SOC_ADC_DIGI_MAX_BITWIDTH;


dig_cfg.adc_pattern = adc_pattern;


adc_continuous_config(handle, &dig_cfg);        //registra el ADC al GPIO


adc_continuous_evt_cbs_t cbs =
{
    .on_conv_done = ISR_ADC_DMA,                    //ISR
};
adc_continuous_register_event_callbacks(handle, &cbs, NULL); //registra ISR


adc_continuous_start(handle);


uint8_t result[BLOCK_SIZE] = {0}; //Buffer para leer el frame completo
uint32_t ret_num           = 0;   //indica los datos del frame


while (1)
{
    if (flag_adc)
    {
        flag_adc = 0;               //borra el flag y lee
        ret = adc_continuous_read(handle, result, BLOCK_SIZE, &ret_num, 0);

        uint32_t sum = 0;
        int count    = 0;

        if (ret == ESP_OK)
```

```
    {
        //Suma de los datos almacenados en buffer y saca el valor medio
        for (int i = 0; i < ret_num; i += SOC_ADC_DIGI_RESULT_BYTES)
        {
            adc_digi_output_data_t *p =
                            (adc_digi_output_data_t*)&result[i];
            sum += p->type2.data; //acumula el valor de cada muestra
            count++;
        }
        //saca el valor medio
        printf("Valor medio buffer: %lu\n", sum/count);

    } else if (ret == ESP_ERR_TIMEOUT) {
        //Timeout de lectura
    } else {
        //Error ADC
    }
  }
 } //fin while

 adc_continuous_stop(handle);

 adc_continuous_deinit(handle);
}
```

6.3 EJERCICIOS

▶ Conectar los extremos de un potenciómetro entre 3,3V y 0V y el cursor a GPIO6. Escribe un programa que detecte el cambio de un umbral a 1,5V, de forma que, si la medida del ADC es menor de 1,5V un LED conectado a GPIO4 estará apagado y si la medida es superior a 1,5V el LED estará encendido. Puedes mejorar el programa añadiendo una pequeña histéresis de ±0,1V alrededor de la tensión umbral. Para comprobar la lógica, muestra por el terminal serie los valores del ADC leídos.

▶ Conectar un pequeño joystick que tenga dos ejes, X e Y que varíen entre 3,3V y 0V. Conectarlos a GPIO6 y GPIO7. Escribe un programa que calcule la posición del cursor en función de la medida del ADC en cada canal. Muestra los resultados a través del terminal serie.

▶ Configura un sensor de luz (infrarrojos, LDR) para detectar si es de día o de noche. Enciende un led en consecuencia para simular iluminación del alumbrado exterior de una calle.

7

TEMPORIZADORES

Los temporizadores son uno de los periféricos más importantes en un microcontrolador. Su función principal es generar eventos periódicos, medir intervalos de tiempo y sincronizar tareas. Un temporizador consta de una fuente de reloj (interna o externa), registros, divisores de frecuencia, selectores de reloj y lógica de interrupción.

En capítulos anteriores se ha empleado *vTaskDelay( )* para introducir pausas. Aunque es un método sencillo, resulta ineficiente ya que la CPU queda bloqueada y no puede atender otras tareas. Además, gestionar múltiples temporizaciones mediante *delays* complica el código y afecta al rendimiento. El uso adecuado de los temporizadores evita desperdiciar ciclos de CPU y aporta precisión a la hora de gestionar eventos sincronizados, por lo que es la solución idónea en sistemas embebidos y de tiempo real.

Una buena gestión del *timer* ayuda a optimizar los recursos del microcontrolador y hace que el programa sea más eficiente. Sin duda, el uso de temporizadores y su interrupción asociada será la solución preferida para gestionar eventos dependientes del tiempo.

Según la documentación oficial [3], el ESP32-S3 dispone de:

▼ *Timers* de propósito general (GPT), agrupados en Grupo '0' y Grupo '1'.

▼ *Watchdog* asociados a cada grupo.

▼ *System Timer* (ESP-Timer), un temporizador global independiente.

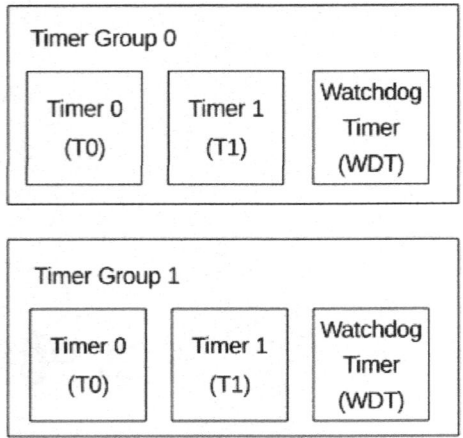

Imagen 20. Timers dentro de Grupo 0 y Grupo 1

Características principales de los *Timers* de Propósito General (GPT):

▶ El ESP32-S3 dispone de cuatro *timers* de propósito general (dos por grupo), de 54 bits, programables en incremento o decremento.

▶ Preescalado de 16 bits, rango divisor 2 a 65536.

▶ Lectura del contador en tiempo real.

▶ Posibilidad de parar y reanudar el contaje.

▶ Alarmas configurables.

▶ *Autoreload* automático o manual.

▶ Generación de interrupciones.

Propiedades del *System Timer* (o ESP_Timer):

▶ Dos contadores de 52 bits y tres comparadores.

▶ Frecuencia fija: 16 MHz.

▶ Tres fuentes de interrupción independientes.

▶ Modos de alarma: *Target* (52 bits) y Periódica (26 bits).

▶ Permite mantener referencia temporal al salir de modos de bajo consumo (*Deep-Sleep* / Light-Sleep).

▶ Puede detenerse en modos de depuración (OCD/JTAG).

7.1 CONFIGURACIÓN DE LOS GPT TIMER

Para utilizar los *timers* genéricos del SDK, se debe incluir la biblioteca "gptimer.h":

```
#include "driver/gptimer.h"
```

El *timer* se gestiona con un *handler*: *gptimer_handle_t* y se configura con la estructura *gptimer_config_t:*

```
#include "driver/gptimer.h"
gptimer_handle_t gp_timer = NULL;
gptimer_config_t gp_timer_config =
{
    .clk_src       = [GPTIMER_CLK_SRC_APB|GPTIMER_CLK_SRC_XTAL|
                       GPTIMER_CLK_SRC_DEFAULT]
    .direction     = [GPTIMER_COUNT_UP| GPTIMER_COUNT_DOWN],
    .resolution_hz = 1 * 1000 * 1000,      // 1 MHz, 1 tick = 1µs
    .priority      = [0|1|2|3],            // Orden creciente
};
```

Para crear el *timer* se usa la función:

```
esp_err_t gptimer_new_timer(const gptimer_config_t *config,
                            gptimer_handle_t *ret_timer);
```

Los *timers* se asocian a alarmas que son las que definen funciones de interrupción. Para crear una alarma se usa la estructura gptimer_alarm_config_t:

```
gptimer_alarm_config_t alarm_config; =
{
    .reload_count               = 0,  // Reiniciar el contador al valor inicial
    .alarm_count                = 500000, // valor de la alarma en µs.
    .flags.auto_reload_on_alarm = true,    // Auto-reload para repetir la alarma
};
```

Se asocia la alarma y el *timer*:

```
esp_err_t gptimer_set_alarm_action(gptimer_handle_t timer,
                                   const gptimer_alarm_config_t *config);
```

A continuación, se define el *callback* que será llamado cuando se produzca el desbordamiento de la alarma:

```
gptimer_event_callbacks_t mycallbackAlarm = {
    .on_alarm = timer_callback,          // Configurar el callback
};
```

Hay que usar *gptimer_register_event_callbacks* para asociar el *callback* al *timer*:

```
esp_err_t gptimer_register_event_callbacks (gptimer_handle_t timer,
                                const gptimer_event_callbacks_t *cbs,
                                void *user_data)
```

Por último, se habilita e inicia el *timer*.

```
esp_err_t gptimer_enable(gptimer_handle_t timer);
esp_err_t gptimer_start(gptimer_handle_t timer);
```

ⓘ Nota

Para usar gptimer.h, hay que añadir el recurso *driver* en el *makefile "REQUIRES esp_driver_gptimer"*:

```
idf_component_register(SRCS "main.c"
                    PRIV_REQUIRES esp_driver_gptimer
                    INCLUDE_DIRS ".")
```

A continuación, se describe a bajo nivel (nivel de registro) cómo se configura la frecuencia del reloj que controla el *timer*. Aunque el compilador calcula automáticamente el divisor adecuado mediante la HAL, es importante comprender la arquitectura para identificar configuraciones inviables. En la siguiente sección se analizará un problema particular que puede ocurrir si la configuración del reloj no se realiza con cuidado.

Cada *timer* se configura de acuerdo con el siguiente esquema [3]:

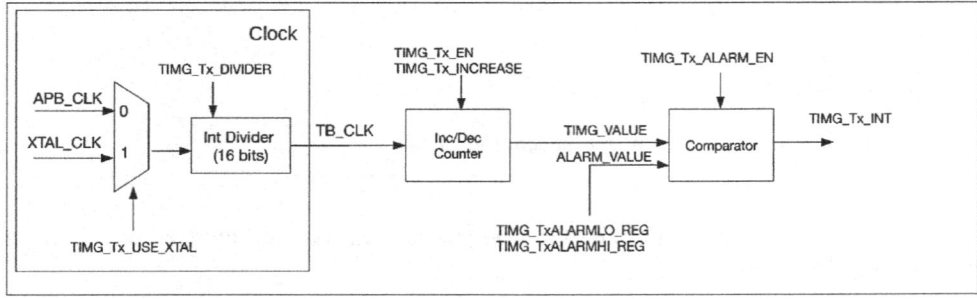

Imagen 21. Reloj interno del Timer GPT

Cada GPT Timer se incrementa a partir de dos fuentes de señal de reloj, APB_CLK (del bus de reloj, fija a 80 MHz) y XTAL_CLK (del cristal externo a 40 MHz). Se selecciona cada una de ellas con el campo *.clk_src* de la estructura *gptimer_config_t*.

A continuación, la frecuencia (APB_CLK o XTAL_CLK) se divide por un preescalado de 16 bits para generar la frecuencia base del *timer*: TB_CLK = CLK_SRC / prescaler.

Hay que tener en cuenta que el preescalado más grande es 65.535 (2^{16}-1) y el más pequeño 2. El *timer* o reloj tiene 54 bits de capacidad y se puede configurar en incremento o decremento de acuerdo al campo *.direction* en la estructura *gptimer_config_t*.

Se genera una alarma cuando el conteo del temporizador sea igual al valor de la alarma definido en los registros TIMG_Tx_ALARMLO_REG (32 bits) y TIMG_Tx_ALARMHI_REG (22 bits).

Para que la alarma esté activa, se tiene que habilitar con TIMG_Tx_ALARM_EN.

El divisor se configura en el registro TIMG_TxCONFIG_REG [3].

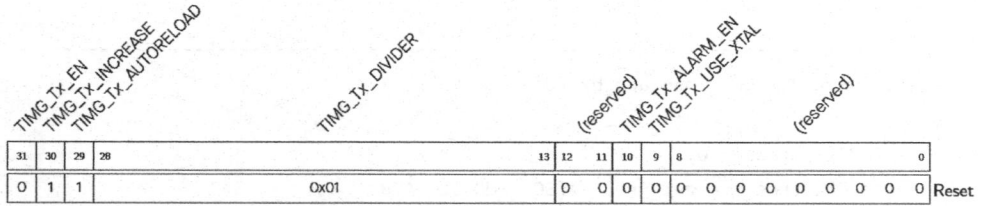

Imagen 22. Registro TIMG_TxCONFIG_REG

Como máximo, se podrán crear y utilizar 4 *timers* GPT.

Ejemplo 7. Señal temporizada por medio de un *Timer* genérico GPT.

El código que se muestra a continuación hace parpadear un LED conectado en GPIO4 con una frecuencia de 1 Hz (periodo T = 1s.). Además, se incluye el código de una función *print_config_timers* que muestra la configuración de cada grupo de temporizadores genéricos (GPT) del ESP32-S3.

```
#include <stdio.h>
#include "esp_system.h"
#include "soc/clk_tree_defs.h"
#include "esp_clk_tree.h"
#include "soc/timer_group_reg.h"
#include "soc/timer_group_struct.h"
#include "driver/gpio.h"
#include "driver/gptimer.h"

#define LED4 4

volatile int Flag_timer = 0;   //marcador de interrupción para su gestión en
main_app

//----------------------------------------------------------------------------
static uint32_t get_freq_cpu_hz(void)
{
    uint32_t freq = 0;
    esp_clk_tree_src_get_freq_hz(SOC_CPU_CLK_SRC_PLL,
                         ESP_CLK_TREE_SRC_FREQ_PRECISION_EXACT,
                         &freq);
    return freq;
}
//----------------------------------------------------------------------------
static uint32_t get_freq_apb_hz(void)
{
    uint32_t freq = 0;
    esp_clk_tree_src_get_freq_hz(SOC_MOD_CLK_APB,
                         ESP_CLK_TREE_SRC_FREQ_PRECISION_EXACT,
                         &freq);
    return freq;
}
//----------------------------------------------------------------------------
static uint32_t get_freq_xtal_hz(void)
{
    uint32_t freq = 0;
    esp_clk_tree_src_get_freq_hz(SOC_MOD_CLK_XTAL,
                             ESP_CLK_TREE_SRC_FREQ_PRECISION_EXACT,
                             &freq);
    return freq;
}
```

```
//-----------------------------------------------------------------------------
static uint32_t timer_base_hz(bool use_xtal, uint32_t f_xtal, uint32_t f_apb)
{
    return use_xtal ? f_xtal : f_apb;
}
//-----------------------------------------------------------------------------
static uint32_t timer_freq_hz(uint32_t divider, bool use_xtal,
 uint32_t freq_xtal, uint32_t freq_apb)
{
    if (divider == 0)  return 0;
    return timer_base_hz(use_xtal, freq_xtal, freq_apb) / divider;
}

//------ Función para imprimir la configuración de los GPT  ----------------
void print_config_timers(void)
{
    uint32_t freq_cpu  = get_freq_cpu_hz();
    uint32_t freq_apb  = get_freq_apb_hz();
    uint32_t freq_xtal = get_freq_xtal_hz();

    printf("CPU  Freq = %lu MHz\n", freq_cpu  / 1000000);
    printf("APB  Freq = %lu MHz\n", freq_apb  / 1000000);
    printf("XTAL Freq = %lu MHz\n", freq_xtal / 1000000);

    // ----- Timer Group 0 -----
    uint32_t t0cfg_g0 = REG_READ(TIMG_T0CONFIG_REG(0));
    uint32_t t1cfg_g0 = REG_READ(TIMG_T1CONFIG_REG(0));

    uint32_t div_t0_g0 = REG_GET_FIELD(TIMG_T0CONFIG_REG(0), TIMG_T0_DIVIDER);
    uint32_t div_t1_g0 = REG_GET_FIELD(TIMG_T1CONFIG_REG(0), TIMG_T1_DIVIDER);

    bool use_xtal_t0_g0 = REG_GET_FIELD(TIMG_T0CONFIG_REG(0), TIMG_T0_USE_XTAL);
    bool use_xtal_t1_g0 = REG_GET_FIELD(TIMG_T1CONFIG_REG(0), TIMG_T1_USE_XTAL);

    // ----- Timer Group 1 -----
    uint32_t t0cfg_g1 = REG_READ(TIMG_T0CONFIG_REG(1));
    uint32_t t1cfg_g1 = REG_READ(TIMG_T1CONFIG_REG(1));

    uint32_t div_t0_g1 = REG_GET_FIELD(TIMG_T0CONFIG_REG(1), TIMG_T0_DIVIDER);
    uint32_t div_t1_g1 = REG_GET_FIELD(TIMG_T1CONFIG_REG(1), TIMG_T1_DIVIDER);
```

```
    bool use_xtal_t0_g1 = REG_GET_FIELD(TIMG_T0CONFIG_REG(1), TIMG_T0_USE_XTAL);
    bool use_xtal_t1_g1 = REG_GET_FIELD(TIMG_T1CONFIG_REG(1), TIMG_T1_USE_XTAL);

    // ----- LOG de salida -----
    printf(«TIM0.T0: CFG=0x%08lX DIV=%lu USE_XTL=%d f_timer=%lu Hz\n»,
            t0cfg_g0, div_t0_g0, use_xtal_t0_g0,
            timer_freq_hz(div_t0_g0, use_xtal_t0_g0, freq_xtal, freq_apb));

    printf(«TIM0.T1: CFG=0x%08lX DIV=%lu  USE_XTL=%d f_timer=%lu Hz\n»,
            t1cfg_g0, div_t1_g0,
            use_xtal_t1_g0,
            timer_freq_hz(div_t1_g0, use_xtal_t1_g0, freq_xtal, freq_apb));

    printf("TIM1.T0: CFG=0x%08lX DIV=%lu USE_XTL=%d f_timer=%lu Hz\n",
            t0cfg_g1, div_t0_g1,
            use_xtal_t0_g1,
            timer_freq_hz(div_t0_g1, use_xtal_t0_g1, freq_xtal, freq_apb));

    printf("TIM1.T1: CFG=0x%08lX DIV=%lu USE_XTL=%d f_timer=%lu Hz\n",
            t1cfg_g1, div_t1_g1,
            use_xtal_t1_g1,
            timer_freq_hz(div_t1_g1, use_xtal_t1_g1, freq_xtal, freq_apb));
}
//-------------------------------------------------------------------
//---------------- ISR del timer ------------------------------------
//-------------------------------------------------------------------
bool IRAM_ATTR GPT_TIMER_ISR(gptimer_handle_t timer,
                             const gptimer_alarm_event_data_t *event,
                             void *user_data)
{
    Flag_timer = 1;  // MARCA EL EVENTO!!
    return true;     // Return true para que el temporizador vuelva a reiniciar
}


// ----------------app_main----------------------------------------
void app_main(void)
{
```

```
// Configurar GPIO4
gpio_set_direction(LED4, GPIO_MODE_INPUT_OUTPUT);


// Handler
gptimer_handle_t gptimer = NULL;


// Configurar el temporizador
gptimer_config_t timer_config = {
    .clk_src       = GPTIMER_CLK_SRC_DEFAULT,  // por defecto (APB 80 MHz)
    .direction     = GPTIMER_COUNT_UP,         // Contar hacia arriba
    .resolution_hz = 1000*1000,                // 1 MHz (1us por tick)
};


gptimer_new_timer(&timer_config, &gptimer);


// Configurar la alarma (en µs)
gptimer_alarm_config_t alarm_config = {
    .reload_count = 0,              // Reiniciar el contador al valor inicial
    .alarm_count  = 500000,         // 0,5 segundos = 500000 µs
    .flags.auto_reload_on_alarm = true,  // Auto-reload -> repetir la alarma
};


gptimer_set_alarm_action(gptimer, &alarm_config);


// Registrar el callback para la interrupción
gptimer_event_callbacks_t cbs = {
    .on_alarm = GPT_TIMER_ISR,           // Configurar el callback
};
gptimer_register_event_callbacks(gptimer, &cbs, NULL);


// Habilita e inicia el temporizador
gptimer_enable(gptimer);
gptimer_start(gptimer);


printf("GPTimer started!\n");


// Muestra la configuración de los 4 GPT Timers.
print_config_timers();
```

```
    while (1)
    {
        // GESTIONA EL EVENTO temporal dentro de while(1)
        if (Flag_timer)
        {
            Flag_timer = 0;                              // Borra el flag

            printf("Timer\n");
            gpio_set_level(LED4, !gpio_get_level(LED4)); // conmuta GPIO4
        }
    }
}
```

7.2 ASPECTOS A TENER EN CUENTA EN LA CONFIGURACIÓN DEL GPT TIMER

Se muestran a continuación varios casos de configuración del GPT para diferentes temporizaciones analizando cómo se configuran internamente los registros de preescalado a través de la capa HAL.

Caso 1

Timer '0' que opere a 1 MHz. (.resolution_hz = 1000000)

El compilador va a seleccionar por defecto APB_CLK = 80 MHz.

Así pues, la frecuencia base del *timer* $= \dfrac{APB\_CLK}{Pre\text{-}escalado}$

$Que\ resulta\ en\ Pre-escalado = \dfrac{APB\_CLK}{frec.\ base} = \dfrac{80e6}{1e6} = 80$

El programa reporta:

```
CPU  Freq  = 160 MHz
APB  Freq  = 80 MHz
XTAL Freq = 40 MHz
TIMG0.T0: CFG=0xE00A0400  DIV=80  USE_XTAL=0  f_timer=1000000 Hz
TIMG0.T1: CFG=0x60002000  DIV=1   USE_XTAL=0  f_timer=80000000 Hz
TIMG1.T0: CFG=0x00000000  DIV=0   USE_XTAL=0  f_timer=0 Hz
TIMG1.T1: CFG=0x00000000  DIV=0   USE_XTAL=0  f_timer=0 Hz
```

El Timer '0' del banco Grupo '0', usará un divisor de 80, usando APB_CLK (USE_XTAL='0') a 80 MHz y la frecuencia base del *timer* obtenida es de 1.000.000 Hz = 1 MHz.

Caso 2

Timer '0' que opere a 100 kHz. (`.resolution_hz = 100000`). Se obtendrá un divisor de 800 respecto de la frecuencia de APB_CLK. El programa reporta:

```
CPU  Freq = 160 MHz
APB  Freq = 80 MHz
XTAL Freq = 40 MHz
TIMG0.T0: CFG=0xE0640400  DIV=800  USE_XTAL=0  f_timer=100000 Hz
TIMG0.T1: CFG=0x60002000  DIV=     USE_XTAL=0  f_timer=80000000 Hz
TIMG1.T0: CFG=0x00000000  DIV=0    USE_XTAL=0  f_timer=0 Hz
TIMG1.T1: CFG=0x00000000  DIV=0    USE_XTAL=0  f_timer=0 Hz
```

De nuevo, coherente con los cálculos.

Caso 3

Timer '0' que opere a 1 kHz. (`.resolution_hz = 1.000`). Se necesitaría un divisor de 80.000 respecto de la frecuencia de APB_CLK. Este valor excede 65.535, por lo que se producirá una excepción y reiniciará el microcontrolador dando lugar a un error crítico. Para que el temporizador funcione correctamente, es necesario cambiar la fuente del reloj (`.clk_src = GPTIMER_CLK_SRC_XTAL`). Ahora ese valor sí es alcanzable ya que la frecuencia es la mitad y el divisor será de 40.000.

```
CPU  Freq = 160 MHz
APB  Freq = 80 MHz
XTAL Freq = 40 MHz
TIMG0.T0: CFG=0xF3880600  DIV=40000  USE_XTAL=1  f_timer=1000 Hz
TIMG0.T1: CFG=0x60002000  DIV=1      USE_XTAL=0  f_timer=80000000 Hz
TIMG1.T0: CFG=0x00000000  DIV=0      USE_XTAL=0  f_timer=0 Hz
TIMG1.T1: CFG=0x00000000  DIV=       USE_XTAL=0  f_timer=0 Hz
```

Caso 4

Como puede deducirse, con la configuración de reloj que incorpora por defecto la placa de desarrollo ESP32-S3-DevKitC-1 hay un límite inferior de la resolución definido por el máximo del preescalado y de XTAL_CLK que no se debe sobrepasar. Este valor será: $\frac{40e6}{65535} < f \rightarrow$ (`.resolution_hz > 610 Hz`). En caso de configurar la resolución por debajo de este valor, el microcontrolador produciría una excepción y se reiniciaría de forma continua. Se obtiene un mensaje de error similar a este:

```
Assert failed: timer_ll_set_clock_prescale … (divider >= 2 &&  divider <= 65535)
```

> **ⓘ Nota**
>
> Normalmente no será necesario utilizar relojes con una resolución tan baja.

7.3 CONFIGURACIÓN DEL SYSTEM TIMER

System Timer es el *timer* del sistema. Es también de alta resolución dado que emplea 52 bits. No se puede reiniciar, pero si evaluar incrementos de tiempo. La resolución es fija de valor 1µs. Permite medir tiempos y generar interrupciones *software* o *callback*.

ESP-Timer para medida de tiempos

Se incluirá la cabecera "esp_timer.h".

```
#include "esp_timer.h"
```

Ya se puede calcular el tiempo en µs entre dos instantes t1 y t2 con *esp_timer_get_time*:

```
int64_t esp_timer_get_time(void);
```

Por ejemplo:

```
int64_t t1 = esp_timer_get_time();   // Tiempo t1 en µs.
… //Tarea
int64_t t2 = esp_timer_get_time();   // Tiempo t2 en µs.
//Tiempo Transcurrido: dT = t2-t1;
```

Configurar el *callback* a través de ESP_Timer

En primer lugar, se necesita un *handler* para manejar el temporizador.

```
esp_timer_handler_t myTimer_ESP;
```

A continuación, se crea la estructura de configuración del *timer esp_timer_ create_args_t*, donde se indica la función de *callback*:

```
const esp_timer_create_args_t periodic_timer_args =
{
  .callback = &periodic_timer_callback,        //callback
  .name = "periodic"                           //nombre
};
```

Por último, crea e inicia la alarma asociada al *callback*:

```
esp_err_t esp_timer_create(const esp_timer_create_args_t *create_args,
                        esp_timer_handle_t *out_handle);

esp_err_t esp_timer_start_periodic(esp_timer_handle_t timer,
                            uint64_t period);
```

ⓘ Notas

1) El *callback* se debe pasar como argumento (void *arg).

2) Para poder usar esp_timer.h, hay que añadir el recurso *esp_timer* en el makefile:

```
idf_component_register(SRCS ${srcs}
                    PRIV_REQUIRES esp_timer
                    INCLUDE_DIRS ${includes})
```

Ejemplo 8. Señal temporizada por medio de System Timer y *callbacks*.

El código que se muestra a continuación hace parpadear un LED conectado en GPIO4 con una frecuencia de 1 segundo usando el Timer del Sistema ESP_Timer.

```
#include <stdio.h>
#include "driver/gpio.h"
#include "esp_timer.h"


#define LED4 4
```

```c
int state_led_1 = 0;
int cont = 0;


esp_timer_handle_t myESP_Timer;


void ESP_TimerCallback (void* arg);


//----------app_main -----------------------------------------------------
void app_main(void)
{
    gpio_set_direction(LED4, GPIO_MODE_OUTPUT);


    const esp_timer_create_args_t My_ESP_Timer_Configuration =
    {
        .callback = &ESP_TimerCallback,             //función callback
        .name     = "ISR ESP_Timer "               //nombre
    };


    //configura y arranca el callback asociado al System Timer
    esp_timer_create(&My_ESP_Timer_Configuration, &myESP_Timer);
    esp_timer_start_periodic(myESP_Timer, 500000);    //500000 µs = 0,5s


    while(1)
    {
        //Bucle principal
    }
}
//----------callback asociado al System Timer----------------------------------
void ESP_TimerCallback (void* arg)
{
    printf("ESP Timer: %d\n",cont++);


    gpio_set_level(LED4,state_led_1);
    state_led_1 = !state_led_1;
}
```

7.4 EJERCICIOS

▸ Escribe un programa que haga parpadear un LED conectado a GPIO4 a 2 Hz. En cada pulsación de BOOT, la frecuencia de parpadeo se incrementará +1 Hz. Cuando llegue a 15 Hz, en la siguiente pulsación de BOOT, volverá a parpadear a 2 Hz.

ⓘ Nota

Observar que para generar una señal cuadrada de frecuencia f, el periodo de la interrupción debe ser la mitad del periodo de dicha frecuencia f. En la primera mitad la señal estará a '1' y en la segunda mitad a '0'. (T = 1/ f).

▸ Escribe un programa que saque a través de GPIO5 una frecuencia equivalente a la de las notas musicales. Cuando se pulsa BOOT, se cambia de nota. Conectar un pequeño altavoz a la salida utilizando un transistor bipolar:

Do	261.63 Hz
Re	293.66 Hz
Mi	329.63 Hz
Fa	349.23 Hz
Sol	392.00 Hz
La	440.00 Hz
Si	493.88 Hz

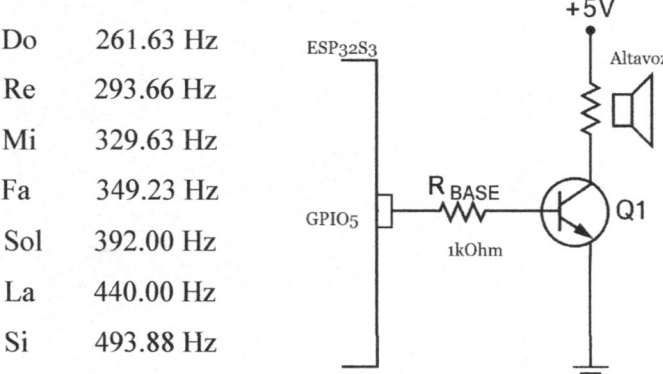

▸ Se desea medir la frecuencia de una señal digital externa conectada al pin GPIO8.

La señal es un tren de pulsos cuadrado entre 10 Hz y 2 kHz. Escribe un programa que calcule la frecuencia.

- Usa interrupciones (flanco ascendente) asociadas a GPIO8.

- En cada interrupción toma el tiempo transcurrido con *esp_timer_get_time( )*.

- Calcula el periodo instantáneo entre dos flancos consecutivos.

- Muestra la frecuencia promedio en el terminal serie cada 500 ms.

8

PWM - LEDC PWM

La modulación PWM (*pulse-width modulation*) es una técnica que permite codificar información mediante la variación del ancho de pulso de una señal que conmuta entre dos estados '0' y '1'.

En una señal PWM se distinguen:

▶ *Ton*: tiempo que la señal está a '1' (anchura del pulso).

▶ *Toff*: tiempo que la señal está a '0'.

▶ *T = Ton+Toff*: periodo de la señal PWM (constante).

▶ Ciclo de trabajo (%) = duty cycle (%) = $100 \frac{Ton}{Ton+Toff} = 100 \frac{Ton}{T}$

   Es el porcentaje de tiempo que la señal está a '1' sobre el periodo total.

La frecuencia base de la señal: $f \, (Hz) = \frac{1}{T} = \frac{1}{Ton+Toff}$

En la imagen se muestra la forma de onda para diferentes ciclos de trabajo con una frecuencia base de 1 kHz.

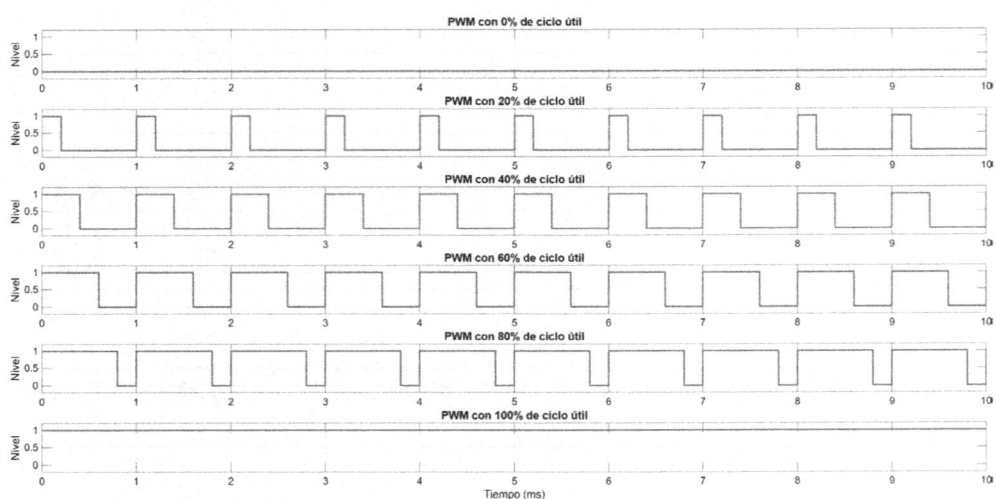

Imagen 23. Señal PWM con diferentes anchos de pulso

Se puede utilizar una señal PWM para conmutar LED u otros dispositivos de doble estado (on-off) y conseguir una señal pseudo analógica, es decir que aparenta ser de naturaleza analógica, aunque en realidad es digital.

Una señal PWM puede generarse de dos formas:

▸ Por medio de temporizadores (PWM *software*). Se utiliza un *timer* para generar interrupciones periódicas y el programa conmuta manualmente el pin en los instantes Ton/Toff. Es una solución flexible, pero consume CPU y no garantiza precisión a frecuencias elevadas.

▸ Por medio de *hardware* (PWM *hardware*), que resulta más eficiente. Utiliza un *timer* interno que proporciona la frecuencia base. El ciclo de trabajo se ajusta en función de la resolución del temporizador.

8.1 CONFIGURACIÓN DEL PWM

Para configurar el PWM-*hardware* habrá que incluir la biblioteca "driver/ledc.h".

En primer lugar, se debe crear y configurar el canal por medio de una estructura de tipo *ledc_channel_config*. Por ejemplo:

```
ledc_channel_config_t ledc_channel =
{
        .speed_mode    = [LEDC_HIGH_SPEED_MODE |
                          LEDC_LOW_SPEED_MODE | LEDC_SPEED_MODE_MAX],
        .channel       = [LEDC_CHANNEL_0|_1|...|_7],
        .timer_sel     = [LEDC_TIMER_0|_1|_2|_3],
        .intr_type     = LEDC_INTR_DISABLE,
        .gpio_num      = LEDC_OUTPUT_IO,
        .duty          = 0,
};
```

A continuación, se inicializa el canal que se ha configurado:

```
esp_err_t ledc_channel_config (ledc_channel_config_t *ledc_conf);
```

El siguiente paso consiste en configurar el *timer* que se va a emplear para generar la frecuencia base del PWM, para ello se utiliza la estructura ledc_timer_config_t:

```
ledc_timer_config_t ledc_timer =
{
        .speed_mode      = [LEDC_HIGH_SPEED_MODE |
                            LEDC_LOW_SPEED_MODE | LEDC_SPEED_MODE_MAX],
        .duty_resolution = LEDC_DUTY_RES,
        .timer_num       = [LEDC_TIMER_0|1|2|3],
        .freq_hz         = LEDC_FREQUENCY,  // en Hz, por ejemplo 4000 = 4 kHz
        .clk_cfg         = LEDC_AUTO_CLK,
};
```

Seguidamente, se configura el *timer* asociado a la PWM:

```
esp_err_t ledc_channel_config(const ledc_channel_config_t *ledc_conf);
```

Por último, para cambiar el ciclo de trabajo, se deberá llamar a estas dos funciones:

```
esp_err_t ledc_set_duty(ledc_mode_t speed_mode,
                    ledc_channel_t channel, uint32_t duty_cycle);
esp_err_t ledc_update_duty(ledc_mode_t speed_mode, ledc_channel_t channel);
```

 **Nota**

El ciclo de trabajo *duty_cycle* es relativo a la resolución (*res*) de acuerdo con la expresión *duty_cycle*·2res − 1. Por ejemplo, para una resolución de 12 bits, un ciclo de trabajo del 100% corresponde con un contaje de 1·2^{12} - 1 = 4095, el 0% corresponde con un contaje de 0 y el 50% corresponde con un contaje de $0,5$·2^{12} - 1 = 2047.

Ejemplo 9. Programa que genera PWM de forma *hardware*.

El siguiente ejemplo, basado en la solución de Espressif para control de LED: \v5.5.1\esp-idf\examples\peripherals\ledc\ledc_basic\main\ledc_basic_example_main.c, se genera una señal PWM en GPIO6 cuyo ancho de pulso se incrementa progresivamente cada 200ms haciendo un efecto de iluminación creciente.

```c
#include <stdio.h>
#include "freertos/FreeRTOS.h"
#include "driver/gpio.h"
#include "driver/ledc.h"


#define LED6 6


#define LEDC_MODE           LEDC_LOW_SPEED_MODE


void app_main(void)
{
    // configura salida digital
    gpio_set_direction(LED6,GPIO_MODE_OUTPUT);

    // configura y habilita el canal PWM
    ledc_channel_config_t ledc_channel = {
        .speed_mode     = LEDC_MODE,
        .channel        = LEDC_CHANNEL_0,
        .timer_sel      = LEDC_TIMER_0,
        .intr_type      = LEDC_INTR_DISABLE,
        .gpio_num       = LED6,
        .duty           = 0,
    };
    ledc_channel_config(&ledc_channel);
```

```
// configura y habilita el timer asociado al canal
ledc_timer_config_t ledc_timer = {
    .speed_mode       = LEDC_MODE,
    .duty_resolution  = LEDC_TIMER_10_BIT, // 10 bits de resolución 0..1023
    .timer_num        = LEDC_TIMER_0,
    .freq_hz          = 8000,              // 8 kHz de frecuencia
    .clk_cfg          = LEDC_AUTO_CLK
};
ledc_timer_config(&ledc_timer);

uint32_t dutycycle = 0;

while (1)
{
    // actualiza el ancho de pulso
    ledc_set_duty(LEDC_MODE, LEDC_CHANNEL_0, dutycycle);
    ledc_update_duty(LEDC_MODE, LEDC_CHANNEL_0);

    dutycycle += 32;          // Incremento gradual en 32 escalones
    if (dutycycle>1023)       // 10 bits de resolución -> max = 1023
        dutycycle = 0;

    // delay de 200ms
    vTaskDelay(pdMS_TO_TICKS(200));
}
}
```

8.2 EJERCICIOS

▶ Escribe un programa que haga encenderse un LED conectado en GPIO4. La intensidad lumínica se irá incrementando de forma lineal desde completamente apagado a intensidad máxima. Una vez alcanzado el máximo, iniciará de nuevo la secuencia desde 0. La secuencia tendrá un periodo de 5 s.

▶ Usando un potenciómetro externo y el ADC como se vio en el CAPÍTULO 6, escribe un programa que varíe la intensidad luminosa de un LED en función del valor de tensión del potenciómetro.

▶ Escribe un programa que controle dos LED mediante dos canales PWM independientes. Cuando el primer LED aumenta su luminosidad, el segundo debe disminuirla en la misma proporción y viceversa, generando un efecto "balancín" o *fade inverso*.

▶ Conecta un transistor bipolar NPN (por ejemplo, 1N2222A) a una salida digital a través de una resistencia limitadora de base (Rb = 1kΩ). Conecta el emisor a GND. En el colector conecta un motor DC de pequeña potencia a una fuente externa de 5V. Pon un diodo en antiparalelo con el motor DC. Escribe un programa que haga variar la velocidad del motor en función del ancho de pulso en la salida digital. Para definir la velocidad de giro usa un potenciómetro en otra GPIO, de forma que, si la lectura del ADC es 0V, el motor esté parado y si la lectura del ADC es 3,3V, la velocidad del motor sea máxima y varíe linealmente en función de la tensión del ADC.

9

CONTADORES

Otra función habitual en los sistemas microcontrolador es el contaje de eventos externos. En general *timers* y *counters* son funciones excluyentes, es decir si el *hardware* se configura como Timer, no podrá ser utilizado como contador y viceversa, pero en el ESP32-S3 al recursos hardware independientes se pueden utilizar de forma simultánea.

Como su nombre indica, los contadores cuentan pulsos o eventos externos.

La misión del contador consiste en incrementar o decrementar su valor ante pulsos de entrada. Esto resulta especialmente útil para medir:

- ▶ Velocidad de giro de un motor.
- ▶ Número de vueltas.
- ▶ Distancia recorrida.
- ▶ Pulsos generados por sensores inductivos, ópticos o mecánicos.

Un ejemplo típico es el de un encoder rotativo acoplado al eje de un motor que genera una señal cuadrada cuya frecuencia aumenta con la velocidad angular.

Imagen 24. Encoder rotativo acoplado al eje de un motor DC

Podría contarse el número de pulsos empleando una interrupción en un GPIO, pero esto es ineficiente, genera *jitter*, consume CPU y limita las frecuencias alcanzables. Para evitarlo, los microcontroladores modernos incorporan unidades de contaje *hardware* completamente autónomas. En el ESP32-S3 estas unidades se denominan PCNT (*pulse counter*). En total se dispone de 8 unidades (pcnt_unit_0 a pcnt_unit_7) y cada una de ellas tiene dos canales '0' y '1'.

9.1 CONFIGURACIÓN DEL PCNT

En primer lugar, se crea y configura una unidad PCNT (*pcnt_unit*):

```
#define PCNT_HIGH_LIMIT   10000
#define PCNT_LOW_LIMIT   -10000
pcnt_unit_config_t unit_config =
{
    .high_limit = PCNT_HIGH_LIMIT,
    .low_limit  = PCNT_LOW_LIMIT,
};
pcnt_unit_handle_t pcnt_unit = NULL;
esp_err_t pcnt_new_unit(const pcnt_unit_config_t *config,
                        pcnt_unit_handle_t *ret_unit);
```

Los parámetros *PCNT_LOW_LIMIT* y *PCNT_HIGH_LIMIT* definen el rango mínimo y máximo del contador. Hay que tener en cuenta que este periférico está pensado para trabajar con *encoders* rotativos, de forma que se va a poder identificar giros en ambos sentidos. Cuando se exceden los valores de *PCNT_LOW_LIMIT y PCNT_HIGH_LIMIT* la cuenta interna se reinicia.

A continuación, se configura y registra el filtro *anti-glitches*. El filtro evita pulsos muy breves generados por ruido en la señal de entrada.

```
pcnt_glitch_filter_config_t filter_config =
{
    .max_glitch_ns = 1000,    //Valor en nanosegundos
};
esp_err_t pcnt_unit_set_glitch_filter(pcnt_unit_handle_t unit, const
                            pcnt_glitch_filter_config_t *config);
```

Seguidamente, se crea el canal usando un *handler* y se configura por medio de la estructura *pcnt_chan_config_t*. Finalmente, se asocia a la unidad PCNT:

```
#define GPIO_NR 0    //entrada en GPIO0
pcnt_channel_handle_t pcnt_chan_a = NULL;
pcnt_chan_config_t chan_a_config =
{
    .edge_gpio_num  = GPIO_NR,
    .level_gpio_num = -1,    // sin nivel asociado
};
esp_err_t pcnt_new_channel(pcnt_unit_handle_t unit,
                    const pcnt_chan_config_t *config,
                    pcnt_channel_handle_t *ret_chan);
```

El siguiente paso consiste en definir cómo se va a contar cuando cambie la señal en el canal:

```
esp_err_t pcnt_channel_set_edge_action(pcnt_channel_handle_t chan,
                            pcnt_channel_edge_action_t pos_act,
                            pcnt_channel_edge_action_t neg_act);
```

Opciones del argumento *pos_act* y *neg_act*:

- PCNT_CHANNEL_EDGE_ACTION_HOLD: no cambia el contador.
- PCNT_CHANNEL_EDGE_ACTION_INCREASE: incr. el contador.
- PCNT_CHANNEL_EDGE_ACTION_DECREASE: decr. el contador.

Por ejemplo, si se configura de la siguiente manera,

```
pcnt_channel_set_edge_action(pcnt_chan_a,
                    PCNT_CHANNEL_EDGE_ACTION_DECREASE,   // flanco de subida
                    PCNT_CHANNEL_EDGE_ACTION_HOLD);      // flanco de bajada
```

Cuando se produzca un flanco de subida, la cuenta se decrementa y cuando se produzca un flanco de bajada, la cuenta se mantiene en su valor anterior.

Finalmente, se realizan los tres últimos pasos: habilitar la unidad PCNT, borrar cualquier contaje no inicializado e iniciar el contaje:

```
esp_err_t pcnt_unit_enable(pcnt_unit_handle_t pcnt_unit);
esp_err_t pcnt_unit_clear_count(pcnt_unit_handle_t pcnt_unit);
esp_err_t pcnt_unit_start(pcnt_unit_handle_t pcnt_unit);
```

Una vez inicializado, se podría ver el contaje con la siguiente función:

```
esp_err_t pcnt_unit_get_count(pcnt_unit_handle_t pcnt_unit, int *value);
```

Es posible configurar el PCNT para generar interrupciones una vez alcanzado un valor de contaje determinado, por ejemplo, para asociarlo a un punto de verificación una vez que el encoder haya girado θ grados. En este caso, se usaría la función *pcnt_unit_add_watch_point* para establecer uno a uno los umbrales de los contajes de prueba. A continuación, se definiría el *callback* que gestiona los eventos y se asociaría a la unidad PCNT.

En el ejemplo que se muestra a continuación, se ha considerado que cuando la cuenta de pulsos llega a 1000, 2000, 3000 y 4000 pulsos se produce una interrupción que es atendido por el *callback* de nombre ISR_PCNT.

Pensar en la utilidad en caso de contaje de vueltas o de distancia lineal recorrida por un robot.

```
int watch_points[] = {1000, 2000, 3000, 4000};
for (size_t i = 0; i < sizeof(watch_points) / sizeof(watch_points[0]); i++)
{
  pcnt_unit_add_watch_point(pcnt_unit, watch_points[i]);
}
pcnt_event_callbacks_t cbs = {
  .on_reach = ISR_PCNT,          //nombre del callback
};
pcnt_unit_register_event_callbacks(pcnt_unit, &cbs, NULL);
```

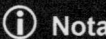 **Nota**

A la hora de compilar, hay que tener en cuenta que habrá que incluir el componente PCNT, es decir en el CMakeLists.txt habrá que añadir: *"REQUIRES esp_driver_pcnt"*.

```
idf_component_register(SRCS "main.c"
                       REQUIRES esp_driver_pcnt
                       INCLUDE_DIRS ".")
```

Ejemplo 10. Contaje sin interrupciones.

El siguiente ejemplo cuenta los flancos de subida de una señal en GPIO0 (BOOT) por *hardware* a través del contador PCNT. Cada 100ms imprime por el terminal los contajes realizados. Está basado en la solución completa para medida de velocidad con un encoder con señales en cuadratura:

\esp\v5.5.1\esp-idf\examples\peripherals\pcnt\rotary_encoder\

```c
#include "sdkconfig.h"
#include "freertos/FreeRTOS.h"
#include "driver/pulse_cnt.h"
#include "driver/gpio.h"

#define PCNT_HIGH_LIMIT  10  //contaje máx
#define PCNT_LOW_LIMIT   -10 //contaje min

#define GPIO_CANAL_A     0   //GPIO0

//-------------------app_main --------------------------
void app_main(void)
{
    //-- crea y configura la unidad pcnt ----------------
    pcnt_unit_config_t unit_config =
    {
        .high_limit = PCNT_HIGH_LIMIT,
        .low_limit  = PCNT_LOW_LIMIT,
    };
    pcnt_unit_handle_t pcnt_unit = NULL;
    pcnt_new_unit(&unit_config, &pcnt_unit);
```

```
//-- configura el filtro anti glitches ---------------
pcnt_glitch_filter_config_t filter_config =
{
    .max_glitch_ns = 10000,                    //nano segundos
};
pcnt_unit_set_glitch_filter(pcnt_unit, &filter_config);


//instala los canales PCNT ----------------
pcnt_channel_handle_t pcnt_chan_a = NULL;
pcnt_chan_config_t chan_a_config =
{
    .edge_gpio_num  = GPIO_CANAL_A,
    .level_gpio_num = -1,            //Sin nivel asociado. Si fuera un
                                     //encoder y hubiera dirección,
                                     //tendríamos que meter el canal B
};
pcnt_new_channel(pcnt_unit, &chan_a_config, &pcnt_chan_a);

//establece cómo va a ser el contaje en cada flanco de subida/bajada
pcnt_channel_set_edge_action(pcnt_chan_a,
        PCNT_CHANNEL_EDGE_ACTION_HOLD,       //mantiene el contaje
        PCNT_CHANNEL_EDGE_ACTION_INCREASE);  //en flanco de bajada
                                             //incrementa el contaje
pcnt_unit_enable(pcnt_unit);        //habilita pcnt unit
pcnt_unit_clear_count(pcnt_unit); //borra pcnt unit
pcnt_unit_start(pcnt_unit);         //arranca pcnt unit

while (1)
{
    int pulse_count = 0;
    pcnt_unit_get_count (pcnt_unit, &pulse_count);
    printf("Contador: %2d\n", pulse_count);

    vTaskDelay(pdMS_TO_TICKS(100));   //delay de 100ms
}
}
```

Ejemplo 11. Contaje con interrupciones.

El siguiente ejemplo cuenta los flancos de subida de una señal en GPIO0 (BOOT). Cada 100 ms se muestra el valor por terminal. Si se cuentan 5, se considera que ha dado media vuelta y si cuenta 10, es que ha dado una vuelta completa. *Antiglitch* = 10 ms.

```c
#include "sdkconfig.h"
#include "freertos/FreeRTOS.h"
#include "driver/pulse_cnt.h"
#include "driver/gpio.h"


#define PCNT_HIGH_LIMIT  10  //contaje máx
#define PCNT_LOW_LIMIT  -10  //contaje min


#define GPIO_CANAL_A      0  //GPIO0


int flag_int = 0;            //Flag interrupción

//-------------------Rutina ISR-----------------------
static bool ISR_PCNT(pcnt_unit_handle_t unit,
                const pcnt_watch_event_data_t *edata,
                void *user_ctx)
{
    flag_int = 1;            //setea flag interrupción
    return false;
}
//-------------------app_main -------------------------
void app_main(void)
{
    //-- crea y configura la unidad pcnt ----------------
    pcnt_unit_config_t unit_config =
    {
        .high_limit = PCNT_HIGH_LIMIT,
        .low_limit  = PCNT_LOW_LIMIT,
    };
    pcnt_unit_handle_t pcnt_unit = NULL;
    pcnt_new_unit(&unit_config, &pcnt_unit);

    //configura el filtro anti glitches ----------------
    pcnt_glitch_filter_config_t filter_config =
    {
```

```
        .max_glitch_ns   = 10000,    //nano segundos (10 ms)
};
pcnt_unit_set_glitch_filter(pcnt_unit, &filter_config);

//instala los canales PCNT ----------------------------
pcnt_channel_handle_t pcnt_chan_a = NULL;
pcnt_chan_config_t chan_a_config =
{
    .edge_gpio_num  = GPIO_CANAL_A,
    .level_gpio_num = -1,           //Sin nivel asociado. Si fuera un
                                    //encoder y hubiera dirección,
                                    //tendríamos que meter el canal B
};
pcnt_new_channel(pcnt_unit, &chan_a_config, &pcnt_chan_a);

//establece cómo va a ser el contaje en cada flanco de subida/bajada
pcnt_channel_set_edge_action(pcnt_chan_a,
        PCNT_CHANNEL_EDGE_ACTION_HOLD,       //mantiene el contaje
        PCNT_CHANNEL_EDGE_ACTION_INCREASE);  //en flanco de bajada
                                             //incrementa el contaje

// Define los contajes que van a disparar la ISR.
// Se asume que el eje da media vuelta cada 5 pulsos
// y una vuelta entera cada 10 pulsos.
int watch_points[] = {0, 5};
for (size_t i = 0; i < sizeof(watch_points) / sizeof(watch_points[0]); i++)
{
    pcnt_unit_add_watch_point(pcnt_unit, watch_points[i]);
}

pcnt_event_callbacks_t cbs = //define la ISR
{
    .on_reach = ISR_PCNT,
};

//registra la ISR
pcnt_unit_register_event_callbacks(pcnt_unit, &cbs, NULL);

pcnt_unit_enable(pcnt_unit);       //habilita pcnt unit
pcnt_unit_clear_count(pcnt_unit); //borra pcnt unit
pcnt_unit_start(pcnt_unit);        //arranca pcnt unit
```

```
while (1)
{
  int pulse_count = 0;

  //como Buena práctica, gestiona la ISR dentro del bucle principal
  if (flag_int)
  {
    flag_int = 0;
    pcnt_unit_get_count(pcnt_unit, &pulse_count);

    if (pulse_count==5)
      printf("media vuelta completada\n");

    if (pulse_count==0)
      printf("vuelta entera completada\n");

  }
  vTaskDelay(pdMS_TO_TICKS(10));
}
}
```

9.2 EJERCICIOS

▶ Suponiendo un encoder rotativo de N pulsos por vuelta, escribe un programa que utilice el contador PCNT para detectar cuándo el contaje alcanza exactamente N. Cuando esto ocurra, encender un LED conectado a GPIO durante 200 ms y después apagarlo. Para simular el encoder, puede utilizarse el pulsador BOOT.

▶ Montar un pulsador externo (EXT) y conectarlo a GPIO5. Escribir un programa que, por *hardware*, a través del contador PCNT incremente el contaje cuando se pulse BOOT y lo decremente cuando se pulsa el pulsador externo.

▶ Escribe un programa que determine el ángulo girado por un encoder rotativo de doble canal A y B cuyas señales está en cuadratura (desplazadas 90°). En la imagen CLK es el canal A, DT es el canal B, SW es un pulsador y la alimentación se realiza entre '+', (3,3V) y GND.

▼ Escribe un programa que mida la velocidad angular (RPM) de un eje que tiene un encoder acoplado y que da 20 pulsos por vuelta. Utiliza un contador PCNT para contar los pulsos durante un intervalo fijo de 250 ms. Puedes utilizar un Timer que genere una onda cuadrada de frecuencia variable como señal de prueba.

RPM = contaje · 60 / (20 pulsos · 0,25 s)

10

WATCHDOG

En sistemas de control complejos es necesario disponer de mecanismos que permitan recuperar el sistema ante fallos graves. El *watchdog* cumple esta función ya que fuerza al microcontrolador a volver a un estado conocido mediante un reinicio cuando detecta que el programa ha dejado de funcionar correctamente.

Su funcionamiento puede entenderse como un temporizador que cuenta hacia atrás. Cuando el programa se ejecuta con normalidad, dicho temporizador se reinicia o "alimenta" periódicamente, pero si el *software* se queda bloqueado o deja de atender la rutina de refresco, el temporizador llega a cero y el *watchdog* provoca un reinicio del sistema.

Para evitar que el microcontrolador se reinicie, el código debe incluir una rutina que actualice el *watchdog* antes de que expire el *timeout*. Si ese tiempo máximo se supera sin realizar el refresco, el *watchdog* asume que existe un fallo y genera el reinicio.

El ESP32-S3 dispone de tres *watchdog hardware* principales, cada uno con una función específica:

10.1 INTERRUPT WATCHDOG TIMER (IWDT)

El objetivo es asegurar que las rutinas de atención a la interrupción ISR no se bloquean durante un tiempo excesivo. Se configura dentro de *menuconfig* con la propiedad ESP_INT_WDT. El tiempo asignado se configura con la propiedad ESP_INT_WDT_TIMEOUT_MS.

10.2 TASK WATCHDOG TIMER (TWDT)

El objetivo es detectar tareas que se quedan bloqueadas y no ceden la CPU. Una tarea queda bajo la supervisión del TWDT cuando se la incluye explícitamente. Esto cobra especial sentido cuando se está trabajando en sistemas multitarea como en FreeRTOS.

```
esp_err_t esp_task_wdt_add(TaskHandle_t task_handle);
esp_task_wdt_add(NULL);          // añadir tarea actual app_main
```

Para alimentar este *watchdog* se utiliza:

```
esp_err_t esp_task_wdt_reset(void); // alimentar el watchdog
```

El TWDT no ejecuta *callbacks* o ISR personalizados. Se configura dentro de *menuconfig* con la propiedad *"Enable Task Watchdog Timer"* ESP_TASK_WDT_EN. Se puede configurar por separado para cada núcleo. El tiempo asignado se configura con la propiedad ESP_TASK_WDT_TIMEOUT_S.

> ⓘ **Notas**
>
> 1) Si la propiedad ESP_TASK_WDT_PANIC (*Invoke panic handler on Task Watchdog timeout*) no está seleccionada, el *watchdog* no generará un reinicio, en cambio, si está seleccionada producirá un reinicio.
>
> 2) Si el TWDT ya estuviera habilitado a través de la propiedad ESP_TASK_WDT_EN en el *menuconfig* y por error se quiere iniciar también en el programa principal través de la llamada a *esp_task_wdt_init*, se producirá una excepción. Se debe prestar especial atención a esta situación, debida a una incorrecta inicialización.

10.3 RTC WATCHDOG TIMER (RTC_WDT)

Este *watchdog* pertenece al dominio RTC, independiente del procesador principal. Se utiliza para asegurar el tiempo de arranque, desde que se alimenta hasta que entra en app_main( ). La misión es proteger la ejecución frente a fuentes de alimentación inestables, por ejemplo, en sistemas autónomos alimentados por baterías.

También se usa como protección en los modos de bajo consumo. Cuando un dispositivo entra en modo *sleep*, el reloj RTC_WDT sigue alimentado y si por alguna razón la rutina que debe despertar el dispositivo falla, este reloj provocaría un reinicio del microcontrolador. Por defecto el *timeout* es de 9 s.

Ejemplo 12. *Watchdog* asociado a la tarea *app_main*.

En este ejemplo se configura el TWDT desde *menuconfig* con un *timeout* de 6 s. Cuando se mantiene pulsado BOOT, el *watchdog* se alimenta periódicamente. Si transcurren más de 6 s sin pulsar el botón, el microcontrolador se reinicia.

```c
#include <stdio.h>
#include "freertos/FreeRTOS.h"
#include "driver/gpio.h"
#include "esp_task_wdt.h"


#define BUTTON_GPIO    0        // Pin BOOT

void app_main(void)
{
    // 1.- Configura GPIO del pulsador BOOT como entrada con pull-up
    gpio_config_t io_conf = {
        .pin_bit_mask = 1ULL << BUTTON_GPIO,
        .mode         = GPIO_MODE_INPUT,
        .pull_up_en   = GPIO_PULLUP_ENABLE,
        .pull_down_en = GPIO_PULLDOWN_DISABLE,
        .intr_type    = GPIO_INTR_DISABLE
    };
    gpio_config(&io_conf);

    //2.- la tarea app_main está asociada al TWDT
    esp_task_wdt_add(NULL);

    //3.- Bucle principal
    while (true)
    {
        int level = gpio_get_level(BUTTON_GPIO);

        if (level == 0)  // cuando BOOT es pulsado alimenta el TWDT
        {
            printf("BOOT pulsado y watchdog alimentado\n");
            esp_task_wdt_reset();

            vTaskDelay(pdMS_TO_TICKS(20));  //espera para evitar rebotes
        }

        // El código vendría aquí
        vTaskDelay(pdMS_TO_TICKS(100));
    }
}
```

10.4 EJERCICIOS

▶ Escribir un programa que tenga un *watchdog* con un *timeout* configurado de 10 s. El Watchdog se alimenta cada vez que se pulse BOOT. Si pasan más de 10 s sin haber alimentado el *Watchdog,* el microcontrolador se reiniciará.

▶ Escribir un programa que tenga un *watchdog* con un *timeout* de 10 s. El *watchdog* se alimenta cada vez que se recibe un comando desde el puerto serie. Si en 10 s no se ha recibido ningún nuevo comando, el microcontrolador se reiniciará.

11

MODO SLEEP

En los sistemas portátiles y autónomos, la gestión de la batería es un aspecto fundamental. Cuanto menor consumo de energía, menor necesidad de batería y mayor tiempo de utilización sin recarga. A continuación, se presentan algunas técnicas para optimizar el consumo del dispositivo de control:

1. La primera medida es deshabilitar aquellos periféricos que no se estén usando, por ejemplo, los puertos digitales no utilizados, desactivando las resistencias de *pull-up* o *pull-down* internas, las comunicaciones inalámbricas (Wi-Fi/BLE) o el ADC. Cada periférico habilitado incrementa el consumo. El objetivo es mantener activo únicamente lo indispensable.

2. Si la carga de trabajo no requiere ejecutar instrucciones a máxima velocidad, es posible bajar la frecuencia del reloj del procesador, reduciendo directamente el consumo dinámico. La frecuencia de CPU puede configurarse en *menuconfig* mediante la etiqueta: ESP_DEFAULT_CPU_FREQ_MHZ.

3. Cuando el programa no tiene tareas relevantes que ejecutar, por ejemplo, cuando espera un evento externo o está a la espera de un evento de tiempo más o menos largo, conviene llevar el microcontrolador a un modo de bajo consumo (*sleep*). En este estado solo permanecen activos ciertos periféricos del dominio RTC, el procesador se detiene y las comunicaciones digitales se deshabilitan haciendo que el consumo global baje a unos pocos microamperios.

Es importante evitar rutinas tipo *delay* que bloquean la CPU sin hacer nada pero que la mantienen ocupada. Siempre que sea posible se intentarán utilizar interrupciones.

En el ESP32-S3, para despertar desde un modo *sleep* se pueden emplear *timers RTC* o también un evento de una entrada digital RTC_GPIO (EXT0).

La salida del modo *deep sleep* siempre se realiza por medio de un reinicio del chip.

11.1 DESPERTAR DESDE DEEP SLEEP USANDO UN TIMER RTC

La primera forma de gestionar el modo sleep es a través de un *timer* de bajo consumo (RTC). El programa gestionaría la entrada desde el modo normal al modo sleep con la llamada a función *esp_deep_sleep_start*() y la recuperación desde el modo sleep al modo normal se realizaría por medio de la temporización de un *timer* RTC.

En primer lugar, será necesario utilizar la biblioteca "esp_sleep".

```
#include "esp_sleep.h"
```

A continuación, se deberá definir el *timeout* del Timer RTC. Se configura con:

```
esp_err_t esp_sleep_enable_timer_wakeup(uint64_t time_in_us);
```

Por ejemplo:

```
#define SLEEP_TIME_SEC 10    //segundos
esp_sleep_enable_timer_wakeup(SLEEP_TIME_SEC * 1000000);
```

Cuando se llama a la función *esp_deep_sleep_start()*, el microcontrolador entra en modo sleep:

```
void esp_deep_sleep_start(void);
```

Una vez transcurrido el tiempo definido en SLEEP_TIME_SEC, se producirá un reinicio del microcontrolador.

11.2 DESPERTAR DESDE DEEP SLEEP USANDO ENTRADA DIGITAL EXT0

La segunda forma de gestionar el modo sleep es a través de un evento en una entrada digital EXT0. Para entrar en el modo sleep, al igual que en el caso anterior, se llamará a *esp_deep_sleep_start( )*. La recuperación desde el modo sleep al modo normal ocurre cuando hay un flanco de subida en la entrada designada como EXT0.

No todas las entradas se pueden configurar como EXT0, solo aquellas que son de tipo RTC_GPIO, por ejemplo, GPIO7. Para configurar la entrada, se usa: esp_sleep_enable_ext0 ( ):

```
esp_err_t esp_sleep_enable_ext0_wakeup(gpio_num_t gpio_num, int level);
```

Por ejemplo:

```
#define EXT_WAKE_UP_PIN 7
esp_sleep_enable_ext0_wakeup(EXT_WAKE_UP_PIN , 1);
```

Hay que tener en cuenta que la entrada se debe configurar como *pull-down* para que esté por defecto a nivel bajo.

```
rtc_gpio_pulldown_en(EXT_WAKE_UP_PIN);
```

Y finalmente, se deberá desactivar la resistencia interna de pull-up (para reducir el consumo).

```
rtc_gpio_pullup_dis(EXT_WAKE_UP_PIN);
```

11.3 VARIABLES EN MEMORIA EN MODO SLEEP

Para despertar de *deep sleep*, se produce un reinicio del microcontrolador y se borra el contenido de la RAM principal. Para continuar la operación después del reinicio en el punto anterior a entrar en modo sleep, el ESP32-S3 permite conservar variables en memoria cuando se definen dentro de la zona RTC con el atributo: RTC_SLOW_ATTR, por ejemplo:

```
RTC_SLOW_ATTR int32_t mi_variable_no_volatil;
```

Ejemplo 13. Programa con modo sleep y recuperación temporizada por RTC.

El ejemplo mostrado a continuación, configura un *timer* RTC para que se despierte a los 10 s una vez que el microcontrolador haya entrado en modo sleep. El microcontrolador entra en modo sleep cuando se pulsa BOOT. El programa mantiene en memoria caliente la variable *mi_variable_no_volatil* que cuenta las décimas de segundo acumuladas que el programa está en ejecución.

```c
#include <stdio.h>
#include "sdkconfig.h"
#include "freertos/FreeRTOS.h"
#include "esp_sleep.h"
#include "driver/rtc_io.h"
#include "driver/gpio.h"


#define BUTTON 0
#define SLEEP_TIME_SEC 10          //10 segundos para despertar de deep-sleep


RTC_SLOW_ATTR int32_t mi_variable_no_volatil;  //mantener en memoria caliente.


void app_main(void)
{
    //CONFIGURA GPIO0 (BOOT) COMO ENTRADA
    gpio_config_t io_conf =
    {
        .pin_bit_mask = 1ULL << BUTTON,
        .mode         = GPIO_MODE_INPUT,
        .pull_up_en   = GPIO_PULLUP_ENABLE,
    };
    gpio_config(&io_conf);


    //configura timer RTC
    esp_sleep_enable_timer_wakeup(SLEEP_TIME_SEC * 1000000);


    int btn  = 0;
    int btn1 = 0;


    while(1)
    {
       btn = gpio_get_level(BUTTON);
```

```
        //detecta flanco de bajada en BOOT
        if ((btn!=btn1)&&(btn==0))
        {
            printf("Entrando en modo Sleep\n");

            //entra en modo Deep-Sleep
            esp_deep_sleep_start();
        }
        btn1 = btn;

        printf("Décimas de segundo  %lu\n", mi_variable_no_volatil++);

        //delay de 100ms
        vTaskDelay(pdMS_TO_TICKS(100));
    }
}
```

Ejemplo 14. Programa con modo sleep y recuperación por entrada digital.

El ejemplo mostrado a continuación, configura GPIO7 para que despierte el microcontrolador cuando la entrada pasa de '0' a '1' una vez que éste ha entrado en modo *sleep*. El microcontrolador entra en modo *sleep* cuando se pulsa BOOT. El programa mantiene en memoria caliente la variable *mi_variable_no_volatil* que cuenta las décimas de segundo acumuladas que el programa está en ejecución.

```
#include <stdio.h>
#include "sdkconfig.h"
#include "freertos/FreeRTOS.h"
#include "esp_sleep.h"
#include "driver/rtc_io.h"
#include "driver/gpio.h"

#define BUTTON 0
#define EXT_WAKE_UP_PIN 7    //GPIO7 para despertar de deep-sleep

RTC_SLOW_ATTR int32_t mi_variable_no_volatil; //mantener en memoria caliente.
```

```c
void app_main(void)
{
    //CONFIGURA GPIO0 (BOOT) COMO ENTRADA
    gpio_config_t io_conf =
    {
        .pin_bit_mask = 1ULL << BUTTON,
        .mode         = GPIO_MODE_INPUT,
        .pull_up_en   = GPIO_PULLUP_ENABLE,
    };
    gpio_config(&io_conf);

    printf("Habilitando EXT0 en el pin GPIO%d\n", EXT_WAKE_UP_PIN);
    esp_sleep_enable_ext0_wakeup(EXT_WAKE_UP_PIN , 1);
    rtc_gpio_pullup_dis(EXT_WAKE_UP_PIN);
    rtc_gpio_pulldown_en(EXT_WAKE_UP_PIN);

    int btn  = 0;
    int btn1 = 0;

    while(1)
    {
        //detecta flanco de bajada en BOOT
        btn = gpio_get_level(BUTTON);
        if ((btn!=btn1)&&(btn==0))
        {
            printf("Entrando en modo Sleep\n");

            //entra en modo Deep-Sleep
            esp_deep_sleep_start();
        }
        btn1 = btn;

        printf("Décimas de segundo  %lu\n", mi_variable_no_volatil++);

        //delay de 100ms
        vTaskDelay(pdMS_TO_TICKS(100));
    }
}
```

11.4 EJERCICIOS

▶ Escribe un programa que lea una señal analógica, por ejemplo, de un potenciómetro. Si el valor analógico se mantiene prácticamente constante durante 45 s el programa entrará en modo *sleep*. Mientras la CPU esté activa, se encenderá un LED como señal de que está operativo. En modo *sleep* el led estará apagado. Configurar una entrada digital externa como señal de despertador. La señal debe ser activa a nivel alto, es decir cuando se pulsa en el GPIOx se debe leer '1'. Almacenar en una variable no volátil el tiempo total de encendido del dispositivo en s.

▶ Escribe un programa que entre en modo *sleep* cuando pulsan 5 veces BOOT. Salir de modo SLEEP cuando se vuelve a pulsar BOOT o de forma automática una vez transcurridos 30 s.

12

LED INTELIGENTE WS2812B

Si estás usando la placa de desarrollo ESP32-S3 DevKitC-1, habrás observado que dispone de un LED conectado al pin GPIO48. Este LED tiene como referencia el modelo WS2812B. Es un LED tricolor que permite generar los colores del espectro visible.

Imagen 25. Rojo, verde y azul en el LED inteligente

> **ⓘ Nota**
>
> En algunas placas de desarrollo hay un *jumper* (RGB) que está soldado al lado del LED [6]. Es necesario que este *jumper* esté conectado para poder utilizarlo. Usa un soldador de punta fina y un poco de estaño. Con un punto de soldadura es suficiente. En otras placas el *jumper* ya viene conectado a través de una resistencia de 0,0603Ω = 0Ω.

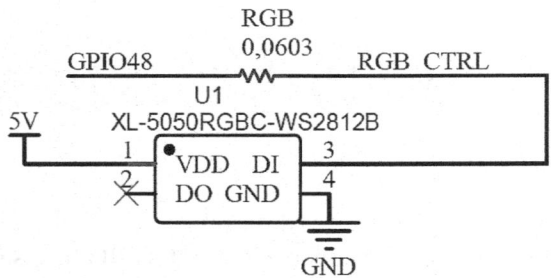

Imagen 26. LED inteligente en placa de desarrollo - ESP32-S3 DevKitC-1

El LED inteligente WS2812B permite controlar uno o varios LED de forma individual mediante una única línea de datos, lo que requiere el uso de un protocolo de comunicación específico entre el microcontrolador y el dispositivo. Estos LED están diseñados para conectarse en cascada, formando tiras de LED direccionables que permiten generar una amplia variedad de efectos y secuencias de color.

El protocolo de comunicación empleado por el WS2812B queda fuera del alcance de este libro debido a su complejidad, pero existen controladores *software* desarrollados tanto por *Espressif System* como por terceros que simplifican considerablemente su uso. En este capítulo se utilizará la biblioteca oficial de Espressif, *led_strip*, incluida en el registro de componentes, que abstrae los detalles de bajo nivel necesarios para el control del LED.

Partiendo de un proyecto vacío, por ejemplo, *Hello World*, se eliminará el contenido inicial del archivo main.c. A continuación, desde el entorno de desarrollo Visual Studio Code, se instalarán los componentes externos necesarios mediante la opción **Component Manager**, disponible en la pantalla de inicio.

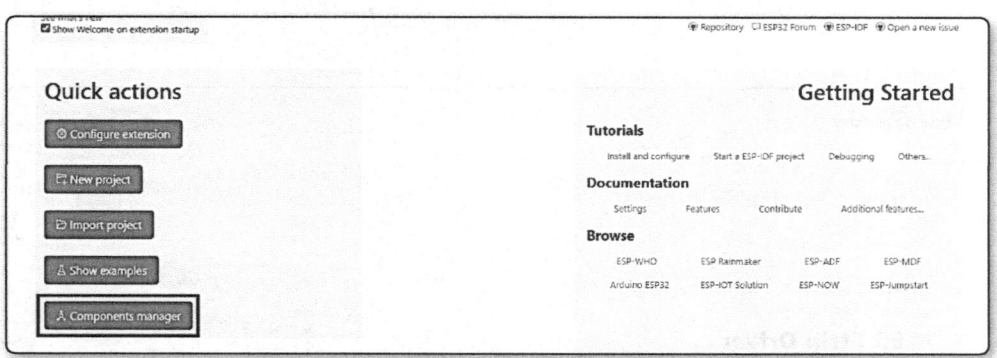

Imagen 27. Component Manager

Pulsando sobre el gestor de componentes, aparece una ventana nueva:

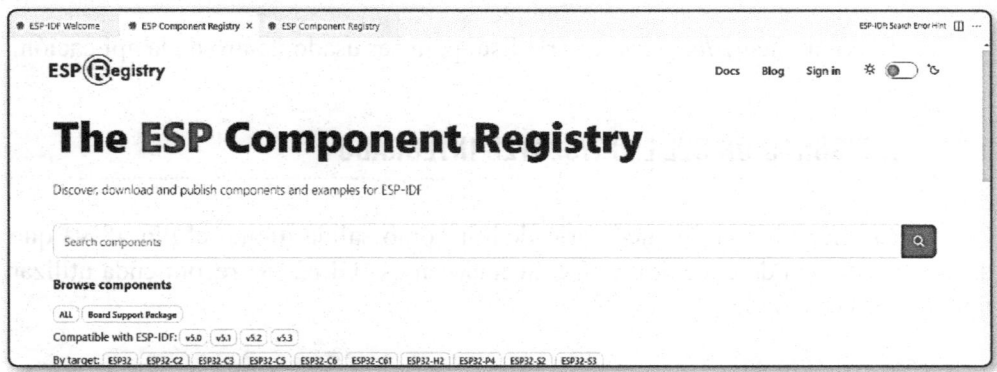

Imagen 28. ESP Component Registry

Busca ws2812

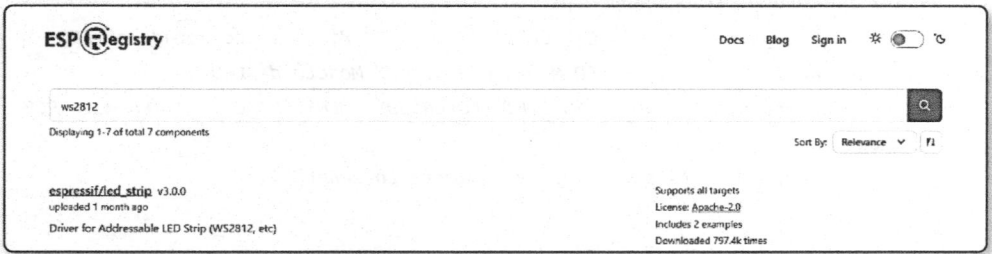

Imagen 29. Buscando el componente WS2812

Instala los drivers del componente con *Install*.

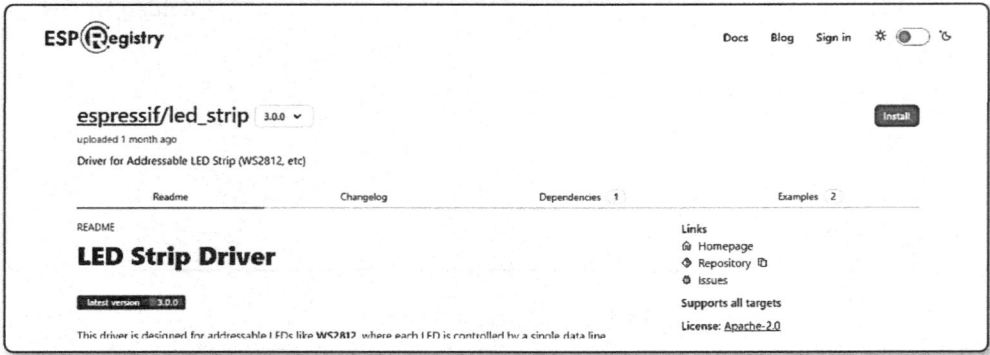

Imagen 30. Instalación del componente led_strip

El componente *led_strip* estaría listo para ser usado dentro de la aplicación.

12.1 CONFIGURACIÓN DEL LED WS2812B INTEGRADO

En primer lugar, es necesario definir como salida digital el pin 48 ya que según el esquema de conexión está conectado en esa GPIO. Se recomienda utilizar una etiqueta (#define).

```
#define LED_GPIO 48
gpio_reset_pin(LED_GPIO);
gpio_set_direction(LED_GPIO, GPIO_MODE_OUTPUT);
```

Para configurar el LED inteligente, se utiliza la estructura *led_strip_config*:

```
led_strip_config_t strip_config = {
    .strip_gpio_num       = LED_GPIO,        // Pin GPIO conectado al LED
    .led_model            = LED_MODEL_WS2812, // Modelo de LED
    .color_component_format = LED_STRIP_COLOR_COMPONENT_FMT_GRB, // Formato RGB
    .flags = {
        .invert_out = false, // no se invierte la señal
    }
};
```

El controlador RMT

El LED inteligente tiene que estar asociado a un controlador RMT (*Remote Control Transceiver*) integrado diseñado inicialmente para la comunicación infrarroja (IR). Por su versatilidad este protocolo se puede extender como un puerto de propósito general para transmisión de información. Los detalles del formato RMT quedan fuera del alcance de este libro, pero el lector puede encontrar información detallada en la documentación del fabricante. Para manejar el LED WS2812 se hace uso de dicho controlador.

En el ESP32-S3, se configura la comunicación RMT con la estructura *led_strip_rmt_config_t*:

```
led_strip_rmt_config_t rmt_config = {
    .clk_src          = RMT_CLK_SRC_DEFAULT, // Fuente del reloj
    .resolution_hz    = 10 * 1000 * 1000,   // Frecuencia: 10 MHz
    .mem_block_symbols = 64,                 // tamaño de memoria cada canal RMT
    .flags = {
        .with_dma = false,                   // DMA (podría usarse en el ESP32-S3)
    }
};
```

Por último, se crea el *handler* y se registran las propiedades:

```
led_strip_handle_t led_strip = NULL;
esp_err_t led_strip_new_rmt_device (const led_strip_config_t *led_config,
                                    const led_strip_rmt_config_t *rmt_config,
                                    led_strip_handle_t *ret_strip);
```

Para cambiar el color del LED, se llaman a estas dos funciones:

```
esp_err_t led_strip_set_pixel (led_strip_handle_t strip,
                               uint32_t index,
                               uint32_t red,
                               uint32_t green,
                               uint32_t blue);
esp_err_t led_strip_refresh (led_strip_handle_t strip);
```

Las variables *red, green y blue* son de tipo uint8_t y varían entre '0' a 255, donde 'o' representa apagado y 255 la máxima intensidad. Por ejemplo, para generar el color rojo se escribiría:

```
led_strip_set_pixel(led_strip, 0, 255, 0, 0);
```

Para apagar completamente el LED se usa la función:

```
esp_err_t led_strip_clear(led_strip_handle_t strip);
```

Ejemplo 15. Programa que maneja el LED WS2812 integrado.

En el siguiente ejemplo se enciende el LED WS2812 integrado en la placa de desarrollo ESP32-S3 DevKitC-1 mostrando los tres colores principales (R-G-B) en secuencia. Primero se configura el *driver* del LED y seguidamente el *driver* del RMT.

```
#include "freertos/FreeRTOS.h"
#include "freertos/task.h"
#include "driver/gpio.h"
#include "led_strip.h"


#define LED_GPIO 48


void app_main(void)
{
    gpio_reset_pin(LED_GPIO);                      // Borra config. previa LED_
GPIO
    gpio_set_direction(LED_GPIO, GPIO_MODE_OUTPUT); // GPIO 48 conectado al LED


    led_strip_handle_t led_strip = NULL;          // Handler


    // Configura el LED
    led_strip_config_t strip_config =
    {
        .strip_gpio_num       = LED_GPIO,
        .max_leds             = 1,                        // 1 LED
        .led_model            = LED_MODEL_WS2812,         // Modelo LED
        .color_component_format = LED_STRIP_COLOR_COMPONENT_FMT_GRB, // Formato
        .flags = {
            .invert_out = false, // no se invierte la señal
        }
    };


    // Configura el driver RMT
    led_strip_rmt_config_t rmt_config = {
```

```
    .clk_src           = RMT_CLK_SRC_DEFAULT,     // Fuente del reloj
    .resolution_hz     = 10 * 1000 * 1000,        // Frecuencia: 10 MHz
    .mem_block_symbols = 64,                       // tamaño de la memoria de
                                                   // cada canal RMT

    .flags = {
        .with_dma = false,                         // DMA no es necesario
    }
};


//registra RMT, configuración y handler
led_strip_new_rmt_device(&strip_config, &rmt_config, &led_strip);


while(1)
{
    led_strip_set_pixel(led_strip, 0, 255, 0, 0); //rojo
    led_strip_refresh(led_strip);

    vTaskDelay(pdMS_TO_TICKS (1000));

    led_strip_set_pixel(led_strip, 0, 0, 255, 0); //verde
    led_strip_refresh(led_strip);

    vTaskDelay(pdMS_TO_TICKS (1000));

    led_strip_set_pixel(led_strip, 0, 0, 0, 255); //azul
    led_strip_refresh(led_strip);

    vTaskDelay(pdMS_TO_TICKS (1000));
    }
}
```

12.2 EJERCICIOS

▶ Escribe un programa que genere todos los colores del arcoíris en secuencia cada 1 s (Rojo, Amarillo… Violeta).

▶ Usando un potenciómetro externo y el ADC como se vio en el CAPÍTULO 6, escribe un programa que varíe la intensidad luminosa del LED inteligente en función del valor de tensión del potenciómetro. Si se pulsa BOOT, se cambia de color en la secuencia del arcoíris anterior.

▶ Escribe un programa que genere el color blanco en el LED tricolor. Empezando con una intensidad luminosa del 100 %, en cada pulsación de BOOT su brillo se irá reduciendo un 20 %. Una vez que se apague por completo, en la siguiente pulsación volverá a encenderse con un 100 % de brillo.

13

SENSOR DE TEMPERATURA INTERNO

El ESP32-S3 incorpora un sensor de temperatura interno destinado principalmente a tareas de monitorización térmica del chip. Aunque no está diseñado como un sensor de alta precisión, ofrece una exactitud aproximada de ±1 °C, suficiente para supervisar el estado térmico del microcontrolador en aplicaciones de control, protección o diagnóstico.

13.1 CONFIGURACIÓN DEL SENSOR DE TEMPERATURA

Se debe incluir la biblioteca "temperature_sensor.h":

```
#include "driver/temperature_sensor.h"
```

En primer lugar, se crea un *handler* para el sensor de temperatura, *temperature_sensor_handle_t* y a continuación se configura el rango de operación de dicho sensor a través de la estructura *temperature_sensor_config_t* por medio de la macro *TEMPERATURE_SENSOR_CONFIG_DEFAULT(min, max)*. Este rango orienta al controlador a realizar ajustes internos y mejorar la precisión en ese intervalo. Finalmente, se registra tanto el *handler* como su configuración:

```
temperature_sensor_handle_t temp_sensor       = NULL;
temperature_sensor_config_t temp_sensor_config =
                        TEMPERATURE_SENSOR_CONFIG_DEFAULT(10, 50);
esp_err_t temperature_sensor_install(const temperature_sensor_config_t
                    *tsens_config, temperature_sensor_handle_t
                    *ret_tsens);
```

Para obtener una medida, se llama a la función *temperatura_sensor_get_celsius*:

```
esp_err_t temperature_sensor_get_celsius(temperature_sensor_handle_t tsens,
                                         float *out_celsius);
```

Ejemplo 16. Programa que lee el sensor de temperatura interno.

El siguiente programa toma los datos del sensor de temperatura interno y lo muestra a través del terminal serie.

```c
#include <stdio.h>
#include "freertos/FreeRTOS.h"
#include "driver/temperature_sensor.h"


float tsens_value = 0.0f;


void app_main(void)
{
    //handler y configuración
    temperature_sensor_handle_t temp_sensor        = NULL;
    temperature_sensor_config_t temp_sensor_config =
                        TEMPERATURE_SENSOR_CONFIG_DEFAULT(10, 50);


    //instala e inicializa el sensor
    temperature_sensor_install(&temp_sensor_config, &temp_sensor);
    temperature_sensor_enable(temp_sensor);


    while (1)
    {
        temperature_sensor_get_celsius(temp_sensor, &tsens_value); //Medida

        printf("Temperatura %d°C\n", (int)tsens_value);            //Imprime

        vTaskDelay(pdMS_TO_TICKS (1000));                          //delay de 1s.
    }
}
```

13.2 EJERCICIOS

▶ Escribe un programa que muestre la temperatura interna del ESP32-S3. Si la temperatura está por debajo de 10 °C, el LED inteligente integrado WS2812B se pondrá de color azul. Si la temperatura está entre 10 °C y 25 °C, el LED se pondrá de color verde y finalmente, si la temperatura está por encima de 25 °C, se pondrá de color rojo. Mostrar cada 1 s la temperatura en el terminal serie.

▶ Conectar resistencias de 110 Ω en GPIO4, GPIO5, GPIO6 y GPIO7 operando como salidas activas, de forma que la corriente por cada GPIO sea de 30 mA aproximadamente (nunca superior a 40 mA) y la del conjunto, de aproximadamente 120 mA (0,4W). Comenzar a temperatura ambiente baja. Observar y registrar la evolución de la temperatura a lo largo del tiempo.

14

MODULACIÓN SIGMA-DELTA

La modulación Sigma-Delta es un método para codificar una señal analógica o digital en un flujo digital de un solo bit a una frecuencia de muestreo muy alta. Puede verse como una extensión de la modulación PWM para generar señales pseudoanalógicas. La diferencia respecto al método a través de PWM reside en que la frecuencia de la modulación es mucho más alta y en que es el propio periférico, a través del mecanismo de realimentación interna, el que genera la señal modulada reduciendo el consumo de CPU.

El resultado es una señal cuya densidad de pulsos ('1' frente a '0') representa el valor de la señal modulada. Tras un simple filtrado pasa-bajos (en muchos casos ni siquiera necesario), se obtiene una señal analógica suave y de muy buena calidad.

En el ESP32-S3, el periférico encargado de generar esta modulación recibe el nombre de SDM (*Sigma-Delta Modulator*) y está integrado en el subsistema periférico digital.

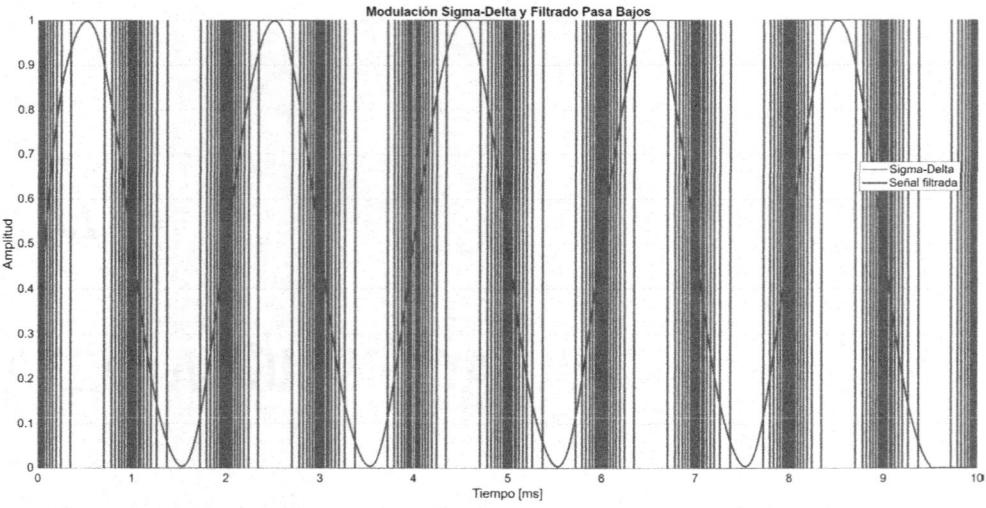

Imagen 31. Modulación Sigma-Delta

14.1 CONFIGURACIÓN DE SIGMA-DELTA

Para poder utilizar este periférico se usa la cabecera "sdm.h".

Se utiliza un *handler* para controlar el canal SDM y la estructura *sdm_config_t* para definir las propiedades de la modulación. Es conveniente que la frecuencia de muestreo sea alta, del orden de 10 MHz.

```
sdm_channel_handle_t sdm_chan = NULL;
sdm_config_t config =
{
    .clk_src       = SDM_CLK_SRC_DEFAULT,
    .gpio_num      = SIGDEL_GPIO,            //GPIO usada en la modulación
    .sample_rate_hz = 10*1000*1000,         //10 MHz
};
```

A continuación, se crea y se habilita el canal:

```
esp_err_t sdm_new_channel(const sdm_config_t *config,
                          sdm_channel_handle_t *ret_chan)
                          sdm_channel_enable(sdm_chan);
```

El valor modulador se establece mediante:

```
esp_err_t sdm_channel_set_pulse_density(sdm_channel_handle_t chan,
                              int8_t density);
```

Donde valor es un entero de tipo *int8_t* comprendido entre −128 y +127.

+127 → densidad máxima (casi todo 1's).
0   → densidad media (mitad 1's, mitad 0's).
-128 → densidad mínima (casi todo 0's).

ⓘ Nota

A la hora de compilar hay que incluir el componente. En el CMakeLists.txt se debe añadir:
"*REQUIRES esp_driver_sdm*".

```
idf_component_register(SRCS "main.c"
                    REQUIRES esp_driver_sdm
                    INCLUDE_DIRS ".")
```

Ejemplo 17. Programa que genera onda senoidal con modulación Sigma-Delta.

El siguiente programa produce una señal senoidal de frecuencia SINE_WAVE_FREQ_HZ a través de GPIO5 usando modulación sigma-delta con un *oversampling* de 10 MHz. El valor de salida se actualiza cada dT ms según una tabla pre-calculada de tipo *lookup-table*. Se puede subir la frecuencia a 50-100 Hz y no se apreciaría ninguna deformación de la señal senoidal. Está basado en la solución de Espressif para el manejo del periférico Sigma-Delta:\esp\v5.5.1\esp-idf\examples\ peripherals\sigma_delta\sdm_led\main\ sdm_led_example_main.c

```c
#include <stdio.h>
#include <math.h>
#include "freertos/FreeRTOS.h"
#include "freertos/task.h"
#include "driver/sdm.h"


#define PI                  (3.1416f)       // Constante PI
#define SIGDEL_GPIO         (5)             // GPIO5
#define OVER_SAMPLE_RATE    (10000000)      // 10 MHz (parám. modulador SigDel)
#define dT                  (10)            // ms (temporización-delay)
#define SINE_WAVE_FREQ_HZ   (1)             // Frecuencia señal, Periodo = 1/f
#define AMPL                (127.0f)        // 1 ~ 127, amplitud de la onda
```

```
#define SINE_WAVE_POINTS          1000*(1/SINE_WAVE_FREQ_HZ)/dT


static int8_t sine_wave[SINE_WAVE_POINTS];    // buffer para la onda senoidal


void app_main(void)
{
    //genera onda de prueba
    for (int i = 0; i < SINE_WAVE_POINTS; i++)
    {
        float w = (2*PI*SINE_WAVE_FREQ_HZ);
        float x = 100*w*(float)i/SINE_WAVE_POINTS;
        sine_wave[i] = (int8_t) (127.0f*(sin(x))) ;
    }


    //handler canal sigma-delta + configuración
    sdm_channel_handle_t sdm_chan = NULL;
    sdm_config_t config = {
        .clk_src       = SDM_CLK_SRC_DEFAULT,
        .gpio_num      = SIGDEL_GPIO,
        .sample_rate_hz = 10000000,
    };


    //crea canal y habilitalo
    sdm_new_channel(&config, &sdm_chan);
    sdm_channel_enable(sdm_chan);

    printf("Sigma-delta Activo en GPIO %d\n", SIGDEL_GPIO);

    int cnt = 0;
    while(1)
    {
        //recorre la onda de prueba
        sdm_channel_set_pulse_density(sdm_chan, sine_wave[cnt++]);

        if (cnt>= SINE_WAVE_POINTS)
            cnt =0;

        vTaskDelay(pdMS_TO_TICKS(dT));
    }
}
```

14.2 EJERCICIOS

▶ Escribe un programa que genere una onda con el siguiente patrón, donde 0 corresponde con 0V y 1 con 3,3V:

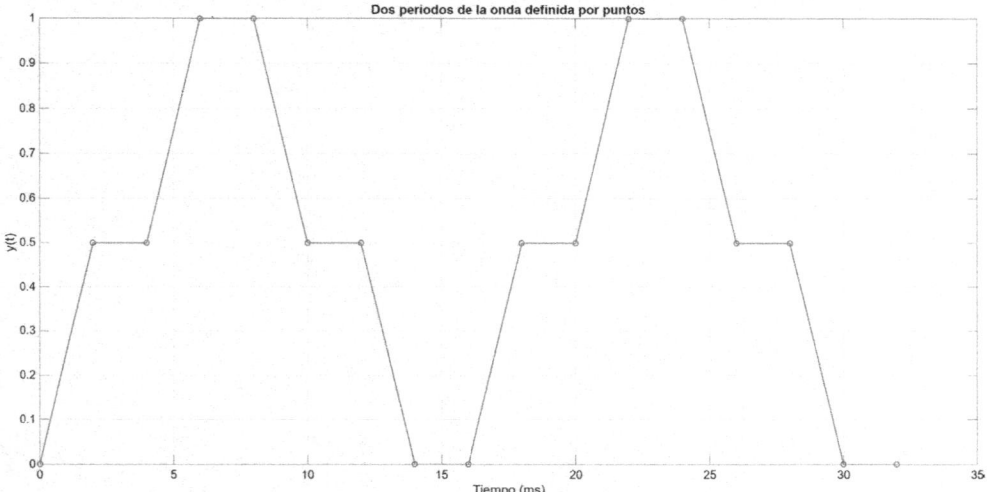

▶ Escribe un programa que genere una onda con el siguiente patrón. Onda triangular con frecuencia creciente desde 0,5 Hz a 20 Hz en 4 s (*chirp*).

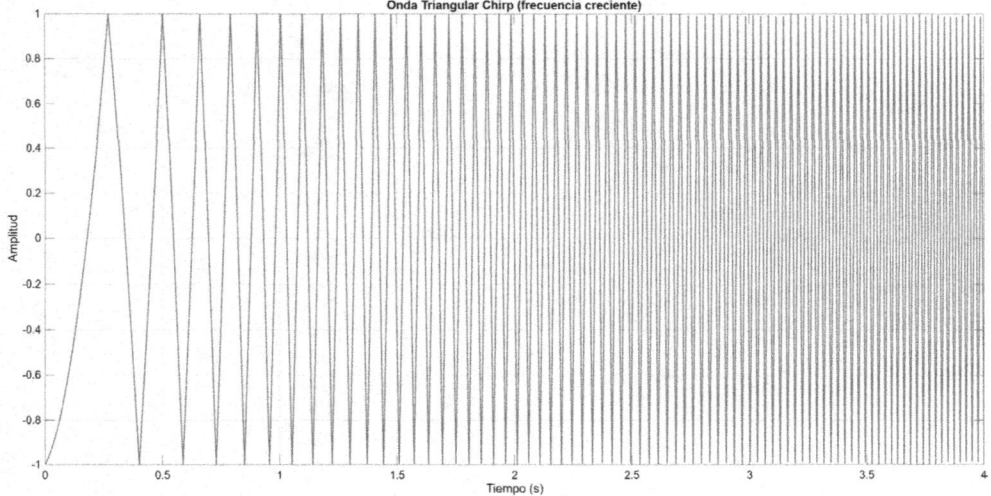

15

LA MEMORIA EN EL ESP32-S3

En este capítulo se describe la organización de la memoria del ESP32-S3, y seguidamente cómo configurarla para guardar datos de forma no volátil de dos formas distintas, a través de un sistema de archivos para datos grandes y en la zona de memoria NVS para datos protegidos. Otros aspectos más avanzados, como la pila, la memoria *heap,* la memoria dinámica y la memoria en procesos multitarea se analizarán en el CAPÍTULO 26. Antes de nada, conviene observar detenidamente nuestra placa de desarrollo ESP32-S3 DevKitC-1 y analizar los componentes que tiene incorporados, en particular el encapsulado ESP32-S3 WROOM-1-N16R8. Si se retira la protección metálica, típica de sistemas que trabajan con radiofrecuencia se identificaría fácilmente el microcontrolador ESP32-S3, un reloj de cuarzo de 40 MHz y un circuito integrado que corresponde a una memoria Flash. Esta es la memoria externa donde se almacena el programa. El resto de la memoria es interna al ESP32-S3.

Imagen 32. Dentro del ESP32-S3 WROOM-1-N16R8

15.1 ESTRUCTURA DE LA MEMORIA

El kit de desarrollo ESP32-S3 DevKitC-1 incorpora el microcontrolador ESP32-S3-WROOM-1-N16R8 y dispone de los siguientes tipos y tamaños de memoria en función de su naturaleza y ubicación:

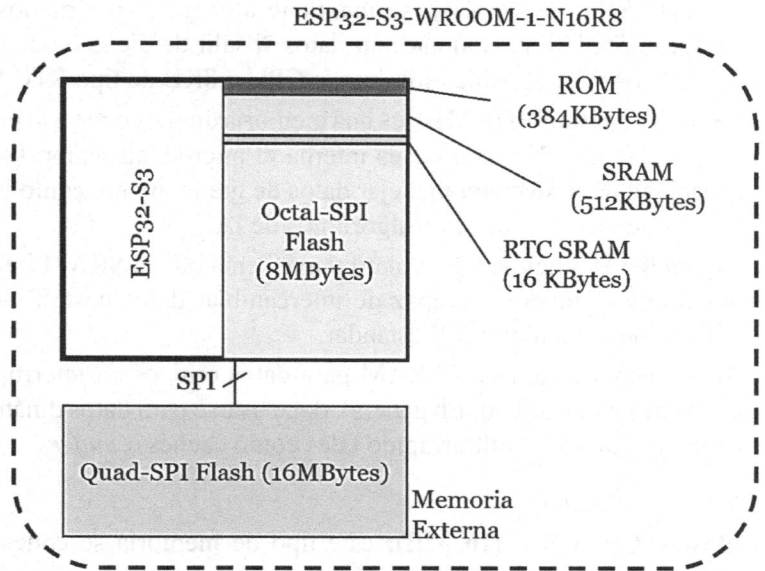

Imagen 33. Disposición de la memoria SPI Interna y Externa

ⓘ **Nota**

Otros modelos de kit de desarrollo tendrán una distribución de memoria diferente.

 Memoria interna:

ROM (384 KB): está integrada en el chip. Almacena el *bootloader* de fábrica, las bibliotecas del sistema y las funciones del sistema. Es sólo de lectura. No se puede modificar.

SRAM (512 KB+ 16KB de RTC SRAM): memoria rápida para el programa y datos temporales, normalmente se accede en un solo ciclo de reloj. Se divide según su función en:

- **IRAM** (*Instrucción* RAM): para almacenar y ejecutar código. Recomendado para las rutinas de atención a la interrupción (ISR) que requieren una gestión de tiempo crítica. Funciona como una memoria caché de la memoria de programa contenida en la memoria Flash externa.

- **DRAM** (Data RAM): para variables globales y aquellas creadas en tiempo de ejecución. La pila (*stack*) del programa y la memoria *heap* están también en esta zona. De acceso rápido y determinista.

- **RTC SRAM** (16 KB): se mantiene alimentada en modos de bajo consumo. Útil para almacenar datos al salir de dicho modo. 8KB son RTC FAST, accesibles solo por la CPU y 8KB de tipo RTC SLOW.

PSRAM -Octal SPI (8 MB): es una memoria que se conecta al procesador a través de bus SPI, aunque es interna al microcontrolador. Expande la capacidad de RAM para manejar datos de gran tamaño, como imágenes, *buffers* de vídeo, matrices o algoritmos de IA.

Es una RAM adicional. Es volátil y más lenta que la SRAM interna pero mucho más grande. Es capaz de intercambiar datos hasta 8 veces más rápido que la memoria SPI estándar.

No se recomienda usar PSRAM para datos críticos en interrupciones o tareas de alta prioridad. En general, debe usarse para datos dinámicos que no necesitan acceso ultrarrápido tales como cachés o *buffers*.

▶ Memoria externa

Flash - Quad SPI (16 MB): este tipo de memoria se conecta al bus SPI y es capaz de intercambiar los datos hasta 4 veces más rápido que una memoria SPI estándar. Almacena el programa principal (partición Factory) y las actualizaciones dinámicas OTA (*Over-the-Air*). Es donde se almacena el *firmware*, las constantes (*const*), las cadenas (*strings*) literales, etcétera. También contiene el almacenamiento persistente (NVS) y el sistema de archivos SPIFFS. Se conserva tras reiniciar. Es de lectura y escritura lenta y por este motivo, para funciones rápidas o críticas se cachea en la IRAM.

Para especificar las zonas de memoria donde se quiere ubicar el código, se debe incluir la cabecera "esp_attr.h". Por defecto, todas las funciones se ejecutan desde Flash externa, salvo que se especifique como IRAM (cacheada). Por ejemplo, la siguiente función se copiará en IRAM desde la Flash y se ejecutará desde la RAM:

```
#include "esp_attr.h"
ESP_IRAM_ATTR void funcion_critica()
{
    // La "función_critica" se copia y ejecuta desde la IRAM
}
```

Para forzar a que una función se mantenga en la Flash:

```
ESP_FLASH_ATTR void funcion_normal()
{
    // Esta función se mantiene y ejecuta en Flash
}
```

La memoria PSRAM se tiene que habilitar en el SDK.

Para declarar una variable dentro de PSRAM, se utiliza la etiqueta ESP_ATTR_SPIRAM_ATTR, por ejemplo:

```
ESP_ATTR_SPIRAM_ATTR uint8_t big_buffer[1024 * 1024];  // 1 MB en PSRAM
```

Particiones

La memoria no volátil se divide en sectores o particiones donde se almacenan las diferentes partes del programa (código, constantes, elementos del sistema, etcétera). La dimensión y ubicación de los diferentes sectores se especifica en la tabla de partición (*partition table*). Se define en múltiplos de 4KB (0x1000) y deben estar alineados en bloques de 64 KB.

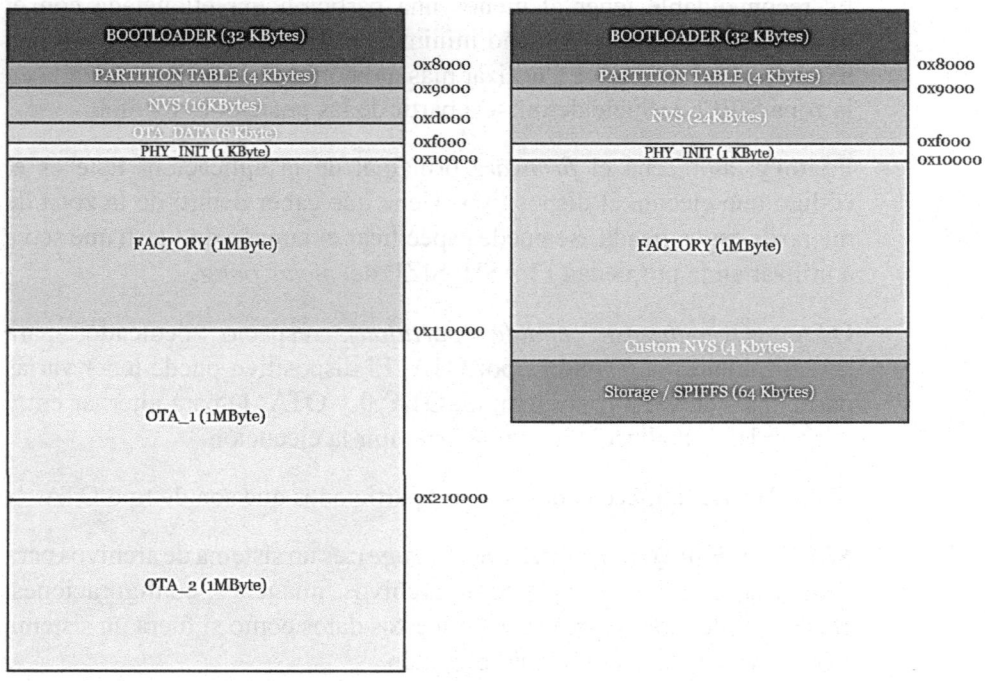

Imagen 34. Particiones de la memoria

En la imagen se muestran dos ejemplos de *partition table*. Se identifican las siguientes secciones:

▼ ***Bootloader (bootloader partition)***: almacena el código de arranque que se ejecuta cuando el ESP32-S3 se enciende. Este código carga el *firmware* desde la partición de la aplicación (Factory) o desde las particiones de OTA (si hubiera). Está en la parte más baja de la memoria *Flash*.

▼ ***Partition Table***: almacena la propia tabla de particiones en sí para que el sistema sepa cómo ubicarlas. Por defecto, definido entre las posiciones de memoria 0x8000 y 0x9000.

▼ **NVS** (*non-volatile storage*): almacena datos persistentes del sistema, como configuraciones de usuario, contraseñas o parámetros que deben sobrevivir a los reinicios del dispositivo.

   Es recomendable tener al menos una partición *nvs* etiquetada con el propio nombre *nvs*. El tamaño mínimo es de 12kBytes y puede ser de hasta 64kBytes. Si se va a utilizar más memoria, sería mejor mapearla en la zona SPIFFS. Suele definirse a partir de las posiciones 0x9000.

▼ **Factory**: almacena el *firmware* principal de la aplicación. Este es el código que ejecuta el dispositivo. Tiene que caber dentro de la zona de memoria especificada. Se puede especificar el tamaño de Flash que se va a utilizar en la propiedad FLASH_SIZE del *menuconfig*.

▼ **OTA** (*Over-the-Air update partition*): espacio dedicado para actualizaciones de *firmware* por OTA. El dispositivo puede tener varias particiones de OTA (por ejemplo, OTA_0 y OTA_1) para alternar entre ellas en las actualizaciones sin interrumpir la ejecución.

▼ **OTA_DATA**: almacena datos de las particiones que son de tipo OTA.

▼ ***SPI Flash File System*** (**SPIFFS** o ***storage***): es un sistema de archivos para almacenar datos de usuario como archivos, imágenes, configuraciones, etc. Se puede montar para acceder a estos datos como si fuera un sistema de archivos de tipo POSIX simplificado.

▼ **PHY_INT**: almacena valores de calibración, típicos de comunicación RF.

15.2 SISTEMA DE ARCHIVOS SPIFFS

SPIFFS es el acrónimo de *SPI Flash File System*. Esta partición es una zona de memoria que se puede configurar como un sistema de archivos. Es accesible a través del protocolo SPI. Para el programador, el acceso a dicha memoria es relativamente sencillo a través de la capa HAL puesto que no es necesario trabajar con registros de bajo nivel.

La memoria SPIFFS es independiente de la memoria de programa. Se puede reprogramar el microcontrolador con otro programa y los datos del sistema de archivos permanecerán inalterados. De forma alternativa, se puede borrar y alterar el sistema de archivos sin necesidad de modificar el programa.

Para configurar la memoria SPIFFS, se debe crear en primer lugar un directorio de nombre *spiffs_image* dentro del directorio de trabajo de la aplicación embebida. En este directorio se colocarán los archivos que se quieren subir al sistema de archivos. Por ejemplo "MiFicheroEjemplo1.txt" y "MiFicheroEjemplo2.txt".

Nombre	Fecha de modificación	Tipo	Tamaño
.devcontainer	15/12/2024 13:37	Carpeta de archivos	
.vscode	15/12/2024 13:37	Carpeta de archivos	
build	15/12/2024 16:30	Carpeta de archivos	
spiffs_image	15/12/2024 16:11	Carpeta de archivos	
main	15/12/2024 15:48	Carpeta de archivos	
CMakeLists.txt	15/12/2024 13:37	Documento de te...	1 KB
partitions.csv	15/12/2024 14:05	Archivo de valores...	1 KB
pytest_hello_world.py	06/11/2024 12:17	Archivo de origen ...	2 KB
README.md	06/11/2024 12:17	Archivo de origen ...	3 KB
sdkconfig	15/12/2024 13:56	Archivo	66 KB
sdkconfig.ci	06/11/2024 12:17	Archivo CI	0 KB
sdkconfig.old	15/12/2024 13:55	Archivo OLD	66 KB

Imagen 35. Directorio spiffs_image

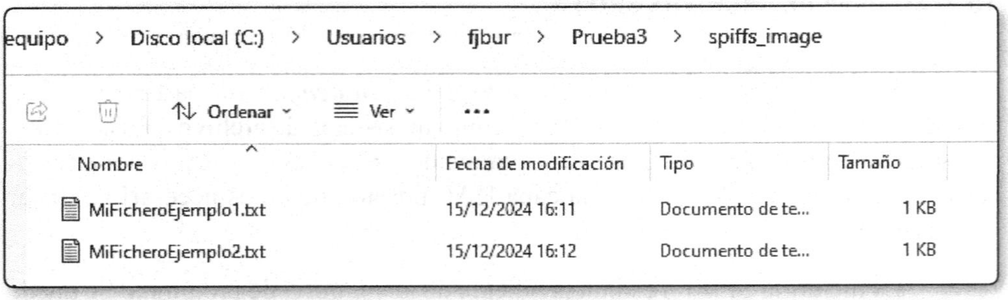

Imagen 36. Ficheros que formarán parte del sistema de archivos SPIFFS

Para crear e inicializar el sistema de archivos en tiempo de compilación y *flasheo* se añade la siguiente instrucción en el CMakeLists.txt:

```
spiffs_create_partition_image(storage ../spiffs_image FLASH_IN_PROJECT)
```

Por ejemplo:

```
main > M CMakeLists.txt
1    idf_component_register(SRCS "main.c"
2                          INCLUDE_DIRS "")
3
4
5
6    spiffs_create_partition_image(storage ../spiffs_image FLASH_IN_PROJECT)
```

Imagen 37. Creación e inicialización del sistema de archivos

▶ **../spiffs_image** es el nombre del directorio raíz y su contenido es lo que se va a copiar en la estructura de archivos.

▶ *Storage* es el nombre de la partición donde estará la estructura de directorios SPIFFS dentro de la memoria Flash.

Una vez configurado el directorio local en el PC, se pasa a definir la tabla de particiones. Esto se configura en Visual Studio Code con el comando: "> *ESP-IDF: Open Partition Table Editor UI*".

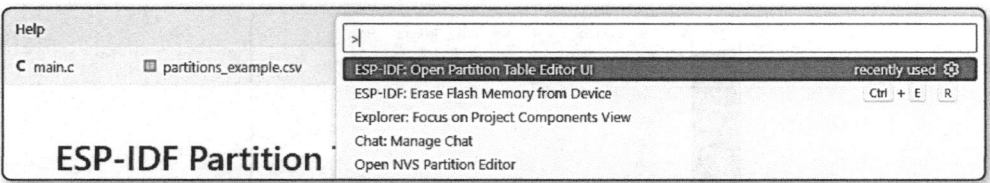

Imagen 38. Gestión de la Tabla de Particiones

(i) **Nota**

A veces, al hacer este proceso señala que no está habilitado. Si esto ocurre, habilitar la edición de la tabla de particiones.

Se añade la partición *Factory* en caso de que no estuviera ya definida.

ESP-IDF Partition Table Editor

Partition Editor can help you to easily edit, build & flash partition table through GUI, without interacting directly with the csv files.

Name	Type	Sub Type	Offset	Size	Encrypted	
nvs	data ⌄	nvs ⌄	0x9000	0x6000	☐	⊗
phy_init	data ⌄	phy ⌄	0xf000	0x1000	☐	⊗
factory	app ⌄	factory ⌄	0x10000	1M	☐	⊗
storage	data ⌄	spiffs ⌄	Offset	0xF0000	☐	⊗

Imagen 39. Tabla de particiones

Guardar la tabla de particiones y compilar. Obsérvese que se ha creado un archivo .csv con el contenido de la tabla de particiones:

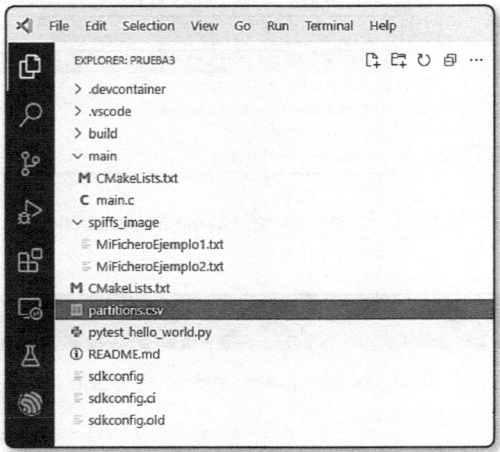

Imagen 40. Fichero partitions.csv

Este archivo especifica cómo se organiza la memoria Flash del dispositivo.

El entorno queda preparado para crear y configurar el sistema de archivos en el ESP32-S3 durante la compilación y flasheo.

Para evitar sobrescribir el contenido de estos archivos, se comenta el comando para crear la partición dentro del CMakeLists.txt:

```
main > M CMakeLists.txt
  1   idf_component_register(SRCS "main.c"
  2                          PRIV_REQUIRES spiffs mbedtls
  3                          INCLUDE_DIRS ".")
  4
  5   #spiffs_create_partition_image(storage ../spiffs_image FLASH_IN_PROJECT)
  6
```

Imagen 41. Makefile sin creación del sistema de archivos

15.3 UTILIZACIÓN DEL SISTEMA DE ARCHIVOS SPIFFS

Para utilizar el sistema de archivos del ESP32-S3, hay que incluir la biblioteca "esp_spiffs.h":

```
#include "esp_spiffs.h"
```

A continuación, se inicializa y registra mediante la estructura *esp_vfs_spiffs_ conf_t*:

```
esp_vfs_spiffs_conf_t conf = {
  .base_path              = "/spiffs",
  .partition_label        = NULL,
  .max_files              = 5,
  .format_if_mount_failed = false
};


esp_err_t esp_vfs_spiffs_register(const esp_vfs_spiffs_conf_t *conf);
```

El acceso al contenido del sistema de archivos SPIFFS se realiza a través de la interfaz estándar de entrada/salida del lenguaje C (FILE), lo que permite manipular los archivos mediante funciones como *fopen*() y *fclose*(), de manera equivalente al acceso a archivos en sistemas de almacenamiento convencionales. A modo de ejemplo, se muestra cómo leer y almacenar en memoria el contenido inicial del archivo *MiFicheroEjemplo1.txt*:

```
FILE* f = fopen("/spiffs/MiFicheroEjemplo1.txt", "r");
if (f == NULL) {
    printf("Failed to open MiFicheroEjemplo1.txt\n");
    return;
}

char buf[64];
fread(buf, 1, sizeof(buf), f);

fclose(f);
```

ⓘ Nota

A la hora de compilar hay que incluir el componente. En el CMakeLists.txt se añade "*REQUIRES spiffs*".

```
idf_component_register(SRCS "main.c"
                       REQUIRES spiffs
                       INCLUDE_DIRS ".")
```

Ejemplo 18. Usando el sistema de archivos SPIFFS.

El siguiente programa muestra el contenido de MiFicheroEjemplo1.txt y, seguidamente se copia el contenido de MiFicheroEjemplo2.txt en MiFicheroEjemplo1. txt de forma que MiFicheroEjemplo1.txt aumentan su tamaño en cada reinicio. Este ejemplo se basa en una solución de *Espressif Systems*: esp\v5.5.1\esp-idf\examples\ storage\spiffsgen.

```c
#include <stdio.h>
#include <string.h>
#include <inttypes.h>
#include "freertos/FreeRTOS.h"
#include "esp_system.h"
#include "esp_err.h"
#include "esp_spiffs.h"

// ---------------------------------------------------
static void copy_file2_in_file1(void)
{
    FILE* f2 = fopen("/spiffs/MiFicheroEjemplo2.txt", "r");    //Abre archivo 2
    if (f2 == NULL)
    {
        printf("Error al abrir MiFicheroEjemplo2.txt\n");      //Error al abrir
        return;
    }else
        printf("Leyendo MiFicheroEjemplo2.txt\n");

    FILE* f1 = fopen("/spiffs/MiFicheroEjemplo1.txt", "a+");   //Abre archivo 1
    if (f1 == NULL)
    {
        printf("Error al abrir MiFicheroEjemplo1.txt\n");      //Error al abrir
        return;
    }else
        printf("Leyendo MiFicheroEjemplo1.txt\n");

    char buf[1024];
    int numread = fread(buf, sizeof(char), sizeof(buf), f2);   //Lee y almacena
    printf("Número de caracteres leídos = %d\n", numread);

    printf("Copia File2 en File1\n");
    fwrite(buf,1,numread,f1);                                  //Copia
    fclose(f1);                                                //Cierra archivo 1
```

```
    fclose(f2);                                          //Cierra archivo 2
}
// ---------------------------------------------------
static void read_file1(void)
{
    printf("Leyendo MiFicheroEjemplo1.txt\n");                //Cierra archivo 1

    FILE* f = fopen("/spiffs/MiFicheroEjemplo1.txt", "r"); //Abre archivo 1
    if (f == NULL)
    {
        printf("Error al abrir MiFicheroEjemplo1.txt\n");
        return;
    }
    char buf[1024] = {0};
    fread(buf, 1, sizeof(buf), f);                        //Lee archivo 1
    fclose(f);                                            //Cierra archivo 1

    //muestra contenido
    printf("Contenido de MiFicheroEjemplo1.txt:\n %s\n\n", buf);
}
//----------------------------------------------------------------------
void app_main(void)
{
    printf("Initializing SPIFFS\n");

    esp_vfs_spiffs_conf_t conf =
    {
      .base_path              = "/spiffs",
      .partition_label        = NULL,
      .max_files              = 5,
      .format_if_mount_failed = false
    };

    // usar los ajustes definidos y abre el sistema de archivos SPIFFS
    esp_err_t ret = esp_vfs_spiffs_register(&conf);

    if (ret != ESP_OK)  // maneja errores montaje de sistema de archivos SPIFFS
    {
        if (ret == ESP_FAIL){
            printf("Error al montar o formatear el sistema de archivos \n");
        } else if (ret == ESP_ERR_NOT_FOUND) {
            printf("La partición SPIFFS no se ha encontrado \n");
```

```
    } else
        printf("Error al inicializar SPIFFS (%s)\n", esp_err_to_name(ret));

    return;
}


size_t total = 0, used = 0;
ret = esp_spiffs_info(NULL, &total, &used);    //Datos usados de la SPIFFS
if (ret != ESP_OK)
{
    printf("Error al obtener la información de la partición SPIFFS (%s)",
            esp_err_to_name(ret));
} else
    printf("Tamaño de la partición: total: %zu, usada: %d\n", total, used);


read_file1();          // Leer archivo MiFicheroEjemplo1.txt
copy_file2_in_file1();  // Copiar File2 a File1


while(1){};
}
```

https://thelastoutpostworkshop.github.io/microcontroller_devkit/ espconnect/ es una herramienta útil para descubrir las particiones es este entorno vía web. Se requiere el uso de navegador Chrome o Edge. Después de *flashear* el programa anterior, se observa la siguiente configuración dentro de la Flash:

Imagen 42. ESP Connect para visualizar el contenido de la Flash

15.4 MEMORIA NO VOLÁTIL

En este apartado se describe cómo almacenar datos en la memoria no volátil **NVS** (*Non-Volatile Storage*). Podría realizarse con el sistema de archivos SPIFFS como se ha descrito anteriormente, pero esta alternativa es más adecuada para guardar datos no accesibles ni modificables por el usuario final, por ejemplo, parámetros de funcionamiento o contraseñas. La información puede estar cifrada.

Este mecanismo resulta especialmente adecuado para el almacenamiento de información sensible o de configuración, donde la integridad y persistencia de los datos es prioritaria.

Para utilizar esta memoria es necesario definir previamente una partición de tipo **NVS**, destinada al almacenamiento no volátil de datos. Dicha partición se organiza en *namespaces*, que actúan como espacios lógicos independientes y permiten estructurar la información de forma ordenada. Dentro de cada *namespace* se almacenan las variables no volátiles que el programa necesita conservar entre reinicios, tales como parámetros de configuración o contadores internos. Es posible asignar valores iniciales a estas variables.

La creación y configuración de los *namespaces*, así como la definición de los valores iniciales asociados a cada variable, puede realizarse de forma gráfica mediante la herramienta **">Open NVS Partition Editor"**, integrada en el entorno ESP-IDF.

Este enfoque facilita la separación lógica de los distintos conjuntos de datos persistentes, especialmente en aplicaciones complejas donde conviven parámetros de configuración, contadores de estado y credenciales. Además, el uso de *namespaces* permite reutilizar una misma partición NVS para diferentes módulos del sistema, evitando colisiones de nombres y mejorando la mantenibilidad del firmware.

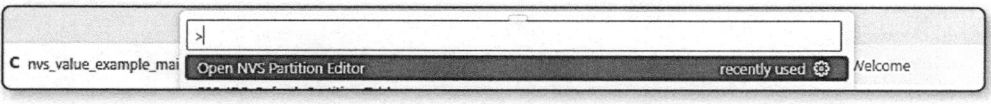

Imagen 43. Comando "Open NVS Partition Editor"

Se debe asignar un nombre a la configuración, por ejemplo, **mynvs**. Esto creará un archivo mynvs.csv en el entorno. A continuación, se abrirá el editor de la partición NVS, similar al que aparece en la imagen.

En este ejemplo, se ha añadido un *namespace*, de nombre *key1*, que incluye dos variables o parámetros de ejemplo: *restart_counter* y *start_counter* con valores por defecto: '555' y '111'.

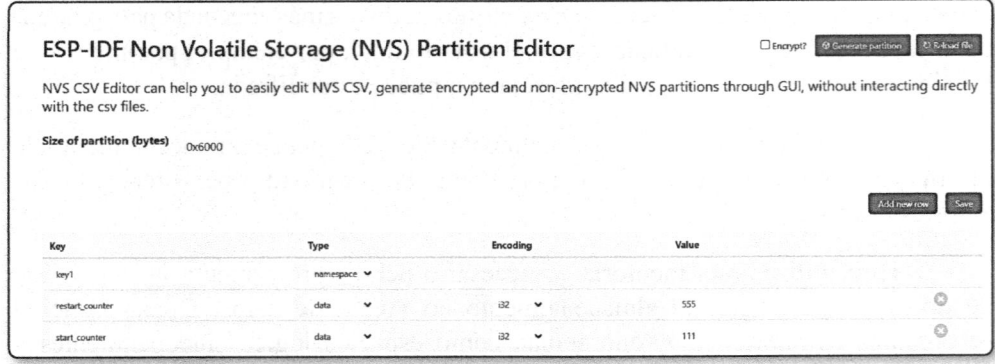

Imagen 44. Editor de particiones NVS

Cuando se guarda y genera la partición, se actualiza el entorno:

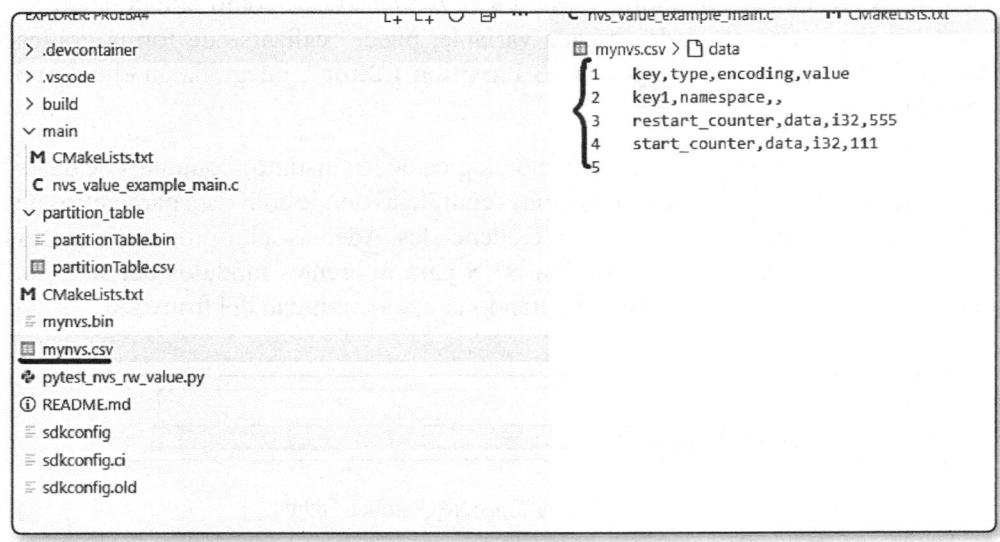

Imagen 45. Fichero de configuración de la partición nvs

En el CMakeLists.txt, se puede indicar que, durante la compilación y *flasheo*, se actualice también el contenido de la NVS con:

```
nvs_create_partition_image(nvs ../mynvs.csv FLASH_IN_PROJECT)
```

Si no se quisiera repetir este paso, simplemente se comentaría esta línea (con #). También habrá que añadir el componente nvs_flash: *"REQUIRES nvs_flash"*.

```
C: > Users > fjbur > OneDrive > Documentos > ESP_programs > LIBRO > Ejemplo19 > main > M CMakeLists.txt
  1    idf_component_register(SRCS "Ejemplo19.c"
  2                           PRIV_REQUIRES driver nvs_flash
  3                           INCLUDE_DIRS "")
  4
  5    nvs_create_partition_image(nvs ../mynvs.csv FLASH_IN_PROJECT)
```

Imagen 46. CMakeLists.txt para la carga de la partición nvs

Para usar la partición *nvs*, se deberá incluir la cabecera "nvs.h".

En primer lugar, hay que inicializar la partición:

```
#include "nvs.h"
esp_err_t err = nvs_flash_init();    // Initialize NVS
```

Se declara un *handler* y se abre el *namespace*. Seguidamente se leen los datos de la memoria.

```
nvs_handle_t my_handle;      // handler al namespace dentro de nvs
nvs_open("key1", NVS_READWRITE, &my_handle);
...
int32_t restart_counter = 0; // por defecto vale 0 si no se puede leer de nvs
int32_t start_counter = 0;   // por defecto vale 0 si no se puede leer de nvs

// extrae los datos de memoria
err1 = nvs_get_i32(my_handle, "restart_counter", &restart_counter);
err2 = nvs_get_i32(my_handle, "start_counter", &start_counter);
```

Para actualizar los datos en la memoria no volátil:

```
// actualiza los datos en memoria:
err = nvs_set_i32(my_handle, "restart_counter", restart_counter);
err = nvs_set_i32(my_handle, "start_counter", start_counter);
```

Otras funciones importantes para controlar la memoria *nvs*:

```
nvs_commit(my_handle);   // Obligatorio para que el cambio persista
nvs_close(my_handle);    // cierra el acceso a la memoria nvs
nvs_flash_erase();       // borra toda la partición nvs (namespaces y claves)
```

Ejemplo 19. Usando la memoria no volátil NVS.

El siguiente programa opera con dos variables: *restart_counter* y *start_counter* almacenadas en la zona de memoria no volátil NVS. Las variables se han creado con editor de particiones NVS y forman parte del *namespace key1*.

```c
#include <stdio.h>
#include <inttypes.h>
#include "freertos/FreeRTOS.h"
#include "esp_system.h"
#include "nvs_flash.h"
#include "nvs.h"

void app_main(void)
{
    // Inicializa NVS
    esp_err_t err = nvs_flash_init();
    if (err == ESP_ERR_NVS_NO_FREE_PAGES ||
        err == ESP_ERR_NVS_NEW_VERSION_FOUND)
    {
        // Error a la hora de inicializar la zona NVS. Esta debe ser borrada
        nvs_flash_erase();
        err = nvs_flash_init();             // Repite la inicialización
    }

    printf("Abriendo acceso a NVS\n");

    nvs_handle_t my_handle;

    //abre el namespace key1
    err = nvs_open("key1", NVS_READWRITE, &my_handle);

    if (err != ESP_OK)
    {
        printf("Error (%s) abriendo NVS\n", esp_err_to_name(err));
    }else{
        printf("Done\n");
        int32_t restart_counter = 0; // variable contenedora 1
        int32_t start_counter   = 0; // variable contenedora 2

        // Lee la primera variable (restart_counter)
        printf("Leyendo variable restart_counter de NVS/key1 ... ");
        err = nvs_get_i32(my_handle, "restart_counter", &restart_counter);
        switch (err)
```

```
    {
        case ESP_OK:
            printf("OK, restart_counter = %" PRIu32 "\n", restart_counter);
            break;
        case ESP_ERR_NVS_NOT_FOUND:
            printf("Clave no encontrada!\n");
            break;
        default:
            printf("Error (%s) leyendo!\n", esp_err_to_name(err));
    }


    // Lee la segunda variable (start_counter)
    printf("Leyendo variable start_counter de NVS/key1 ... ");
    // Read
    err = nvs_get_i32(my_handle, "start_counter", &start_counter);

    switch (err)
    {
        case ESP_OK:
            printf("OK, start_counter = %" PRIu32 "\n", start_counter);
            break;
        case ESP_ERR_NVS_NOT_FOUND:
            printf("No se ha podido inicializar!\n");
            break;
        default :
            printf("Error (%s) leyendo!\n", esp_err_to_name(err));
    }

    printf("actualizando únicamente *restart_counter* en la NVS ... ");

    err = nvs_set_i32(my_handle, "restart_counter", ++restart_counter);

    printf((err != ESP_OK) ? "Failed!\n" : "Done\n");
    printf("Committing updates in NVS ... ");

    err = nvs_commit(my_handle);     // No olvidar hacer el commit!

    printf((err != ESP_OK) ? "Failed!\n" : "Done\n");

    nvs_close(my_handle);            // Cierra la NVS

}

while(1){}; // Bucle principal sin tareas adicionales
```

```
}
```

15.5 EJERCICIOS

▶ Crea una tabla de particiones como la que se muestra con el *"Partition Table Editor"* de ESP-IDF o editando partitions.csv.

Partición	Tamaño	Descripción
nvs	0x6000	Almacenamiento no volátil
factory	1.5 MB	Aplicación principal
ota_0	1.5 MB	Primera partición OTA
storage (SPIFFS)	4 MB	Sistema de archivos SPIFFS

- Prepara un directorio spiffs_image/ con dos archivos de texto.

- Configura el CMakeLists.txt para generar automáticamente la partición SPIFFS en el momento de *flashear* el dispositivo.

Escribir un programa que:

- Liste los archivos que hay ubicados en SPIFFS.

- Lea y muestre el contenido de uno de ellos.

- Escriba un archivo nuevo dentro del sistema de archivos.

- Comprobar, tras flashear un nuevo firmware, que los datos SPIFFS persisten.

▶ Escribe un programa que analice el tiempo que tarda en ejecutarse una función crítica cuando se ejecuta:

- Sin atributos (ejecución desde la Flash).

- Con ESP_IRAM_ATTR (desde IRAM).

- Con acceso a un *buffer* grande ubicado en PSRAM, declarado con ESP_ATTR_SPIRAM_ATTR.

Crea una función que ejecute un bucle intensivo (por ejemplo, 10 millones de sumas) y mide el tiempo con *esp_timer_get_time*( ).

▶ Escribe un programa que almacene en un *namespace* de la NVS una contraseña (cifrada). Cuando el usuario intente conectarse por el terminal serie al dispositivo ESP32-S3, éste le solicitará la contraseña, si coincide, el ESP32-S3 le preguntará de qué color quiere definir el LED integrado.

16

CONVERTIDOR DAC

A diferencia de otros microcontroladores de la familia ESP32, el ESP32-S3 no incorpora un convertidor digital-analógico (DAC) interno. Esta ausencia puede ser una limitación en aplicaciones que requieren generar señales analógicas reales tales como referencias de control, señales senoidales, rampas o formas de onda arbitrarias.

No obstante, esta carencia puede suplirse parcialmente mediante el uso de otros periféricos disponibles en el propio microcontrolador. Cuando la señal analógica al generar presenta una dinámica lenta, es decir, varía lentamente en el tiempo, una solución sencilla consiste en emplear una señal PWM combinada con un filtro pasa-bajos. La atenuación del rizado y la calidad final de la señal dependerán tanto de la frecuencia de conmutación como del diseño del filtro.

Una alternativa más eficaz, especialmente cuando se requiere una mayor suavidad de la señal con un menor filtrado externo, es la modulación Sigma-Delta, analizada en el capítulo anterior. Al operar a frecuencias de modulación significativamente más altas que el PWM convencional, permite utilizar filtros más simples y obtener salidas pseudoanalógicas de mejor calidad.

Finalmente, cuando se necesita una señal analógica de mayor precisión, estabilidad o completamente libre de conmutaciones digitales, resulta recomendable incorporar un convertidor DAC externo. Un ejemplo ampliamente utilizado es el **MCP4725** de Microchip [7], un DAC de 12 bits que se comunica mediante el bus I²C, de fácil integración y con buenas prestaciones en términos de resolución y estabilidad.

Imagen 47. DAC externo MCP4725

PARTE II

COMUNICACIONES

17

UART

En capítulos anteriores se ha utilizado la UART como canal de depuración para enviar mensajes desde el microcontrolador al terminal serie del PC. Este mecanismo ha permitido observar el valor de variables, mensajes de estado, marcas temporales (*timestamps*), etcétera, actuando como un sistema de depuración sencillo y eficaz.

Dado que el puerto serie es bidireccional, también puede utilizarse como interfaz de comunicación entre el ESP32-S3 y el exterior siguiendo el protocolo RS-232 u otro protocolo serie con el *transceiver* adecuado: RS-485 o RS-422.

El ESP32-S3 dispone de dos UART *hardware*:

➤ UART0

   TX → GPIO43

   RX → GPIO44

   Es la UART ruteada hacia el convertidor USB–Serie (CH343) en la placa ESP32-S3-WROOM-1. La UART0 es la interfaz habitual para depuración, monitorización e intercambio básico de datos.

➤ UART1

   TX → GPIO17

   RX → GPIO18

   Disponible internamente, pero no ruteada en la placa de desarrollo.

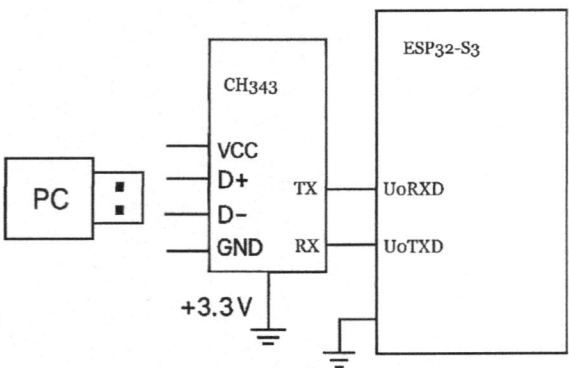

Imagen 48. Conexión UART0 a CH343 y USB-C

Enviar información desde el microcontrolador hacia el exterior se puede realizar fácilmente mediante la función *printf* (...). El sistema operativo redirige la salida de *printf* hacia el *buffer* de salida y posteriormente el *hardware* envía los datos uno a uno por la UART de acuerdo con las reglas del protocolo RS-232.

La función *printf* es **bloqueante**, es decir la CPU se queda esperando hasta que se termine de vaciar el *buffer* de salida, por lo que se debe usar con cuidado cuando haya que enviar mensajes muy grandes o la gestión del tiempo sea muy crítica. Una mejor opción es escribir directamente en el buffer de transmisión gestionado por el driver.

Cuando se **reciben** datos desde el mundo exterior, la información llega al *buffer* de entrada. Se pueden utilizar dos estrategias para leer los datos:

▶ **Polling**: los datos se reciben y almacenan en el *buffer* del driver. El programa de usuario pregunta si existen datos y los acumula en otro *buffer* (de usuario) o los gestiona directamente según van llegando. La transmisión de datos, por el contrario, seguirá siendo asíncrona, ya que sólo se escribe en el puerto cuando se necesite.

▶ **Por medio de eventos**: los datos recibidos generan un evento de la UART que se envía a una cola interna. La interrupción *hardware* no procesa los datos, únicamente notifica la llegada y delega el trabajo real a una tarea de FreeRTOS.

Este patrón, llamado *deferred interrupt*, permite evitar procesamiento dentro de la ISR y mejora la robustez y eficiencia del sistema.

Ambos métodos son válidos; *polling* es simple, mientras que la gestión basada en eventos es más escalable y eficiente en aplicaciones exigentes.

17.1 CONFIGURACIÓN DE LA UART POR POLLING

Para utilizar la UART en modo *polling* es necesario incluir la biblioteca principal del periférico:

```
#include "driver/uart.h"
```

Se configura la comunicación a través de la estructura: *uart_config_t*. Normalmente, si el PC lo soporta, esta será: **115200,8N,1** (115200 baudios, transmisión de 8 bits, sin paridad y un bit de stop):

```
uart_config_t uart_config = {
    .baud_rate   = 115200,                      //baudios
    .data_bits   = UART_DATA_8_BITS,            //datos por cada byte: [5..8]
    .parity      = UART_PARITY_DISABLE,         //Paridad P o no Paridad N
    .stop_bits   = UART_STOP_BITS_1,            //bits de stop
    .flow_ctrl   = UART_HW_FLOWCTRL_DISABLE,    //control de flujo
    .source_clk  = UART_SCLK_DEFAULT,
};
```

A continuación, se instala el *driver* de la UART y se registra la configuración:

```
esp_err_t uart_driver_install(uart_port_t uart_num,  //[ UART_NUM_0| UART_NUM_1]
                        int rx_buffer_size,    //tamaño buffer entrada
                        int tx_buffer_size,    //tamaño buffer salida
                        int queue_size,        //tamaño cola de eventos
                        QueueHandle_t *uart_queue, //handle UART event
                        int intr_alloc_flags); //Flags used in the
                                               //interrupt
esp_err_t uart_param_config(uart_port_t uart_num,
                        const uart_config_t *uart_config);
```

ⓘ Notas

1) El *hardware* de la UART dispone de 128 bytes de *buffer* TX y 128 bytes RX.

El *driver* crea un *buffer* circular en DRAM del tamaño definido por el usuario en *rx_buffer_size* y *tx_buffer_size*.

2) Si *tx_buffer_size* = 0, el driver no hace uso del *buffer* de transmisión (TX), por lo que bloqueará hasta que se hayan enviado todos los datos.

Finalmente, se configuran los pines TX, RX y RTS y CTS. Estos dos últimos en caso de que hubiera *handshaking*, aunque no suele ser lo habitual.

```
esp_err_t uart_set_pin(uart_port_t uart_num,
                       int tx_io_num,
                       int rx_io_num,
                       int rts_io_num,
                       int cts_io_num);
```

Para leer en el puerto por *polling*, primero se toma el número de datos disponibles con *uart_get_buffered_data_len* y a continuación se leen con *uart_read_bytes*:

```
esp_err_t uart_get_buffered_data_len(uart_port uart_num,
                                     size_t* size); //Datos disponibles
esp_err_t uart_read_bytes(uart_port_t uart_num,
                          void *buf,
                          uint32_t Length,
                          TickType_t ticks_to_wait);
```

Para escribir un byte en la UART se deberá usar *uart_write_bytes*:

```
int uart_write_bytes(uart_port_t uart_num, const void *src, size_t size);
```

Ejemplo 20. ECO de datos recibidos por el puerto serie por *polling*.

El siguiente programa está constantemente comprobando la recepción de datos en la UART por medio de *polling*. Los datos que se reciben se reenvían a modo de ECO por el propio puerto serie.

```
#include <stdio.h>
#include <string.h>
#include "freertos/FreeRTOS.h"
#include "driver/uart.h"

#define EX_UART_NUM UART_NUM_0 //Usa UART 0
#define BUF_SIZE 1024          //Buffer circular en el driver

void app_main(void)
{
    //Propiedades de la conexión por RS-232 a través de la UART
    //115200,8,N,1
    uart_config_t uart_config =
```

```
{
    .baud_rate   = 115200,
    .data_bits   = UART_DATA_8_BITS,
    .parity      = UART_PARITY_DISABLE,
    .stop_bits   = UART_STOP_BITS_1,
    .flow_ctrl   = UART_HW_FLOWCTRL_DISABLE,
    .source_clk  = UART_SCLK_DEFAULT,
};


//Instala UART driver
uart_driver_install(UART_NUM_0,     //UART 0
                    BUF_SIZE,     //Tamaño buffer entrada
                          0,      //Tamaño buffer salida (0->bloqueante)
                          0,
                       NULL,
                          0);
uart_param_config(UART_NUM_0, &uart_config);


//Define GPIOx UART. (-1 = sin cambio)
uart_set_pin(UART_NUM_0, -1, -1, -1, -1);


uint8_t data[128];  //Buffer usuario para ECO
int length = 0;     //Tamaño datos leídos


while(1)
{
    //Cada 10 ms
    vTaskDelay(pdMS_TO_TICKS (10));

    //Comprueba si hay datos en el buffer RX de la UART.
    uart_get_buffered_data_len(UART_NUM_0, (size_t*)&length);

    if (length>0)
    {
        length = uart_read_bytes(UART_NUM_0, data, length, 100);

        /*Aquí acumularíamos el mensaje en otro buffer de usuario y se
          procesaría. También se puede procesar directamente*/

        uart_write_bytes(UART_NUM_0,"recibido: ", sizeof("recibido: "));
        //Start ECO
```

```
        //Reenvía recepción + longitud
        uart_write_bytes(UART_NUM_0, data, length);
    }


    /*Aquí se podría enviar un mensaje a la cola TX de la UART*/


    }
}
```

17.2 CONFIGURACIÓN DE LA UART POR INTERRUPCIONES

▶ En el ESP32-S3 la gestión de la UART por medio de eventos se realiza a través de colas en una técnica denominada *deferred interrupt*. Este concepto se desarrolla más adelante en el libro en la sección Prioridades e Interrupciones.

17.3 EJERCICIOS

▶ Escribe un programa que reciba a través de la UART diferentes comandos para encender o apagar un LED, entrar en modo Sleep o reiniciar el dispositivo.

▶ Escribe un programa que sea capaz de generar una onda arbitraria de acuerdo con el dato recibido por la UART.

▶ Escribe una interfaz con el usuario por medio del terminal serie que permita guardar el texto recibido a través del propio terminal serie dentro de un archivo ubicado en la memoria SPIFFS.

18

COMUNICACIÓN USB NATIVA

El USB nativo del ESP32-S3 constituye una mejora sustancial respecto a los microcontroladores que dependen de convertidores serie–USB externos, tales como el CH343 o el CP2102. Al integrar directamente el periférico USB On-The-Go (USB OTG), el ESP32-S3 puede funcionar como dispositivo USB (*device*) o como *host* USB, ofreciendo numerosas ventajas:

- ⚑ Baja latencia en comunicación.

- ⚑ Mayor estabilidad del enlace USB.

- ⚑ Control total del protocolo USB.

- ⚑ Implementación de interfaces USB como HID, CDC, audio o almacenamiento sin *hardware* adicional y con un consumo más ajustado.

- ⚑ Integración directa de la pila **TinyUSB**, que simplifica enormemente el desarrollo.

En conjunto, el USB nativo permite diseñar sistemas más compactos, eficientes y versátiles, alineados con las tendencias actuales de integración y conectividad. Las funciones disponibles de forma resumida son:

Función	Clase USB	Comentario
Puerto serie virtual	CDC-ACM	Reemplaza UART; ultrarrápido
Joystick / *gamepad*	HID	Compatible Windows, Linux y macOS
Teclado / ratón	HID	
Audio USB	UAC	
Almacenamiento	MSC	Dispositivos de almacenamiento USB o SD internas
Host USB	USBH	Soporte inicial, útil para sensores

El puerto USB nativo está disponible en el ESP32-S3-WROOM-1 a través del conector USB-C izquierdo de la placa de desarrollo. Será necesario conectar otro cable USB-C desde dicho puerto al PC.

18.1 CONFIGURACIÓN DEL EMULADOR DE PUERTO SERIE MEDIANTE USB NATIVO

El USB nativo del ESP32-S3 permite emular un puerto serie virtual (CDC-ACM) utilizando la pila TinyUSB. Para poder operar con esta pila, es necesario instalar el componente Tiny_USB de forma similar a como se hizo con el led inteligente WS2812B en el CAPÍTULO 12:

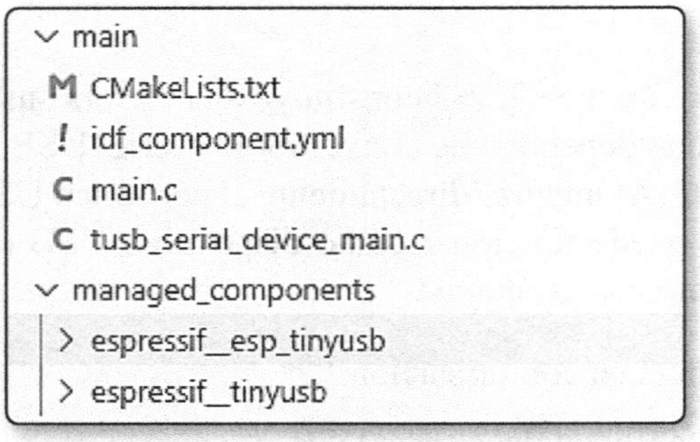

Imagen 49. Componente TinyUSB

Para poder utilizar el *driver* USB es necesario incluir la cabecera "tinyusb.h" y configurar e iniciar el componente *TinyUSB*, para ello se emplea la estructura: *tinyusb_config_t*.

Para emular la conexión a través de un puerto COM virtual, la propiedad *.string_descriptor* puede quedar vacía. Se verá más adelante que para emular otros periféricos, por ejemplo, un joystick, esta propiedad tiene que ser especificada.

```
#include "tinyusb.h"
const tinyusb_config_t tusb_cfg =
{
    .device_descriptor        = NULL,
    .string_descriptor        = NULL,
    .external_phy             = false,
    .configuration_descriptor = NULL,
};
tinyusb_driver_install(&tusb_cfg);
```

A continuación, se inicializa y registra la clase CDC (*Communication Device Class*) como ACM (*Abstract Control Model*) a través de la estructura: *tinyusb_config_cdcacm_t*. La configuración ACM permite que el microcontrolador sea descubierto por el PC al conectar el USB como un puerto serie virtual (puerto COM en el sistema operativo), facilitando la comunicación serie tradicional (UART o RS-232) a través de USB.

En menuconfig se debe habilitar el CDC, etiqueta: TINYUSB_CDC_ENABLED.

Tomando los valores por defecto:

```
tinyusb_config_cdcacm_t acm_cfg = {
    .usb_dev                          = TINYUSB_USBDEV_0,
    .cdc_port                         = TINYUSB_CDC_ACM_0,
    .rx_unread_buf_sz                 = 64,
    .callback_rx                      = NULL,
    .callback_rx_wanted_char          = NULL,
    .callback_line_state_changed      = NULL,
    .callback_line_coding_changed     = NULL
};
tusb_cdc_acm_init(&acm_cfg);
```

Seguidamente se registra el *callback* (si fuera necesario).

```
esp_err_t tinyusb_cdcacm_register_callback(tinyusb_cdcacm_itf_t itf,
                                cdcacm_event_type_t event_type,
                                tusb_cdcacm_callback_t callback);
```

Por último, para transmitir la información, se copia al *buffer* de salida y se ordena la transmisión (*flush del buffer*) a través de las funciones *tinyusb_cdcacm_write_queue* y *tinyusb_cdcacm_write_flush*:

```
//copia el dato a la cola de transmisión del CDC
size_t tinyusb_cdcacm_write_queue ( tinyusb_cdcacm_itf_t itf,
                                uint8_t *in_buf,
                                size_t in_size);
esp_err_t tinyusb_cdcacm_write_flush( tinyusb_cdcacm_itf_t itf,
                                uint32_t timeout_ticks);
```

Ejemplo 21. Puerto Serie Virtual a través de USB nativo.

El siguiente programa, basado en el ejemplo de Espressif System: esp\ v5.5.1\esp-idf\examples\peripherals\usb\device\tusb_serial_device\, envía una señal de prueba (senoidal) a través del puerto USB nativo del ESP32-S3. La información se puede mostrar directamente sobre la herramienta HyperTerminal de Windows, emulando la comunicación Serie a través de un puerto virtual USB.

```c
#include <stdint.h>
#include <math.h>
#include "freertos/FreeRTOS.h"
#include "tinyusb.h"
#include "tusb_cdc_acm.h"
#include "sdkconfig.h"


#define PI 3.141592
static uint8_t rx_buf[CONFIG_TINYUSB_CDC_RX_BUFSIZE + 1];


typedef struct mensaje
{
    uint8_t buf[CONFIG_TINYUSB_CDC_RX_BUFSIZE + 1];  // Buffer de datos
    uint8_t itf;                                     // Índice de dispositivo CDC
    size_t  buf_len;                                 // Número de bytes recibidos
} ;


struct mensaje tx_msg = {0};
int k=0;


//--------------------app_main-----------------------------------------
void app_main(void)
{
    printf("Inicializa TinyUSB\n");
    const tinyusb_config_t tusb_cfg =
    {
        .device_descriptor        = NULL,
        .string_descriptor        = NULL,
        .external_phy             = false,
        .configuration_descriptor = NULL,
    };
    tinyusb_driver_install(&tusb_cfg);    // Instala driver TinyUSB
```

```c
    tinyusb_config_cdcacm_t acm_cfg =        // Registra clase CDC como ACM
    {
        .usb_dev                        = TINYUSB_USBDEV_0,
        .cdc_port                       = TINYUSB_CDC_ACM_0,
        .rx_unread_buf_sz               = 64,
        .callback_rx                    = NULL,
        .callback_rx_wanted_char        = NULL,
        .callback_line_state_changed    = NULL,
        .callback_line_coding_changed   = NULL
    };
    tusb_cdc_acm_init(&acm_cfg);             // Inicializa ACM

    // Asigna Callback (si fuera necesario)
    tinyusb_cdcacm_register_callback( TINYUSB_CDC_ACM_0,
                           CDC_EVENT_LINE_STATE_CHANGED,
                           NULL);

    printf("Inicialización del USB completada!\n");

    while (1)
    {
        //Prepara el dato a transmitir. Copia en tx_msg
        sprintf(tx_msg.buf,"%d x=%.3f\r\n",
                                k++,
                                sin((PI*(float)k)/100.0f));

        //copia el dato a la cola de transmisión
        tinyusb_cdcacm_write_queue(tx_msg.itf,
                                    tx_msg.buf,
                            sizeof(tx_msg.buf));

        //transmite
        esp_err_t err = tinyusb_cdcacm_write_flush(tx_msg.itf,0);

        //pequeño retraso de 10ms
        vTaskDelay(pdMS_TO_TICKS(10));
    }
}
```

El programa imprimirá el valor de la onda senoidal en el terminal serie virtual, sin necesidad de adaptador, únicamente conectando el cable USB-C (conector izquierdo del ESP32-S3). No es necesario especificar la velocidad del puerto serie virtual en el HyperTerminal, ya que la comunicación se producirá a la mayor velocidad posible. Otra ventaja del USB es que la velocidad de transmisión es mucho mayor que la de la UART que estaba limitada a 115200 baudios.

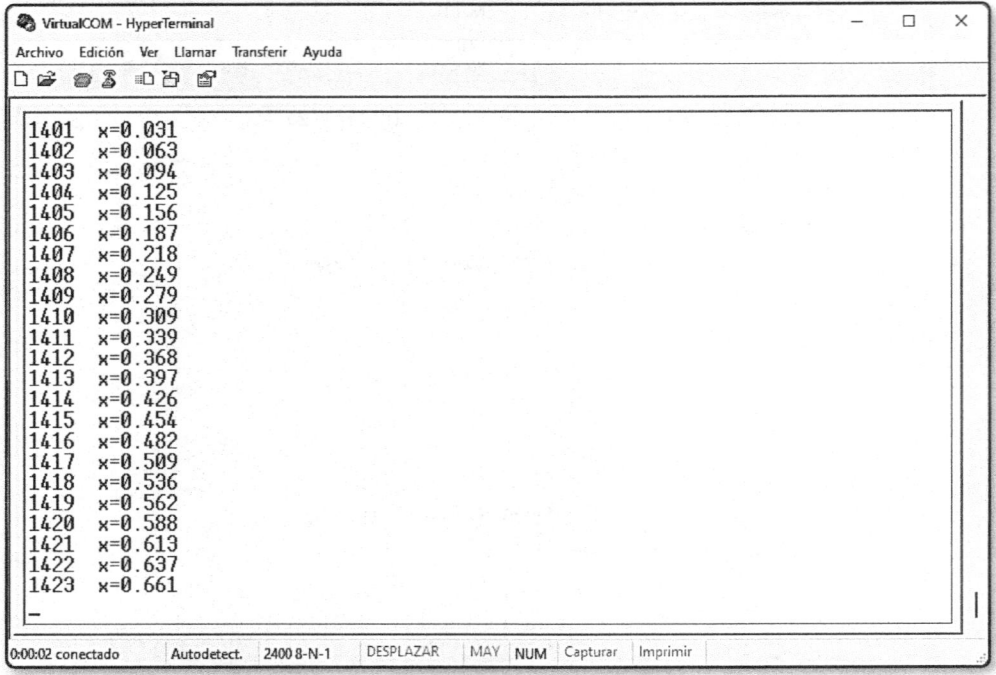

Imagen 50. Puerto Virtual para comunicación a través de USB

18.2 CONFIGURACIÓN DE EMULADOR DE JOYSTICK MEDIANTE USB NATIVO

Ejemplo 22. Programa que transforma el ESP32-S3 en un Joystick USB.

El siguiente programa, basado en el ejemplo de: esp\v5.5.1\esp-idf\examples\ peripherals\usb\device\tusb_hid\main\tusb_hid_example_main.c, convierte el microcontrolador en un Joystick de 6 canales analógicos y 32 canales digitales.

```c
#include <stdlib.h>
#include "esp_log.h"
#include "freertos/FreeRTOS.h"
#include "tinyusb.h"
#include "class/hid/hid_device.h"
#include "driver/gpio.h"



#define TUSB_DESC_TOTAL_LEN    (TUD_CONFIG_DESC_LEN + CFG_TUD_HID*TUD_HID_DESC_
LEN)

const uint8_t hid_report_descriptor[] =
{
    TUD_HID_REPORT_DESC_GAMEPAD(HID_REPORT_ID(1))   //descriptor del GAMEPAD
};
//-----------------------------------------------------------------
const char* hid_string_descriptor[5] =
{
    // array of pointer to string descriptors
    (char[]){0x09, 0x04},     // 0: is supported language is English (0x0409)
    "TinyUSB",                // 1: Manufacturer
    "GAMEPAD",                // 2: Product
    "123456",                 // 3: Número de serie (chip ID)
    "Example HID interface",  // 4: HID
};
//-----------------------------------------------------------------
static const uint8_t hid_configuration_descriptor[] =
{
    // Configuration number, interface count, string index, total length,
    // attribute, power in mA
    TUD_CONFIG_DESCRIPTOR(1, 1, 0, TUSB_DESC_TOTAL_LEN,
                           TUSB_DESC_CONFIG_ATT_REMOTE_WAKEUP, 100),

    // Interface number, string indx, boot protocol, rep descriptor len, EP In
    // address, size & polling interval
    TUD_HID_DESCRIPTOR(0,4,false, sizeof(hid_report_descriptor), 0x81, 16, 10),
};
//-----------------------------------------------------------------
uint8_t const *tud_hid_descriptor_report_cb(uint8_t instance)
{
```

```
    return hid_report_descriptor;
}
//------------------------------------------------------------------
uint16_t tud_hid_get_report_cb(uint8_t instance, uint8_t report_id,
            hid_report_type_t report_type, uint8_t* buffer, uint16_t reqlen)
{
    (void) instance;
    (void) report_id;
    (void) report_type;
    (void) buffer;
    (void) reqlen;

    return 0;
}
//-----------función vacía---------------------------------------
void tud_hid_set_report_cb(uint8_t instance,
                           uint8_t report_id,
                           hid_report_type_t report_type,
                           uint8_t const* buffer,
                           uint16_t bufsize)
{
}
//----------app_main-------------------------------------------
void app_main(void)
{
    const tinyusb_config_t tusb_cfg = {
        .device_descriptor = NULL,
        .string_descriptor = hid_string_descriptor,
        .string_descriptor_count = sizeof(hid_string_descriptor) /
                            sizeof(hid_string_descriptor[0]),
        .external_phy     = false,
        .configuration_descriptor = hid_configuration_descriptor,
    };

    tinyusb_driver_install(&tusb_cfg);

    int8_t x = -100, y = 0;
    uint32_t buttons = 0x0001; // alterna el botón 1;

    while (1)
```

```
{
    if (tud_mounted())
    {
        // envía los datos al driver
        tud_hid_gamepad_report(  1,        // report_id
                                 0, x,     // ejes X, Y
                                 x, x,     // Z, Rz
                                 x, x,     // Rx, Ry
                                 y,        // hat (0 = neutral)
                                 buttons   // botones
        );
        // imprime en local para monitorización
        printf("x=%d y=%d btn=0x%08lx\n", x, y, buttons);

        x++;
        if (x >= 127)
        {
            x = -127;   y++;
            buttons = buttons << 1 ;
        }
        if (y >= 127)
        {
            x = -127;   y = -127;
        }
        if (buttons==0x0000)
            buttons = 0x0001;
    }
    vTaskDelay(pdMS_TO_TICKS(10));
    }
}
```

Si se programa el ESP32-S3 con el *firmware* anterior, cuando se conecta un cable USB-C en el conector izquierdo de la placa desarrollo, el microcontrolador se transforma en un Joystick. En Windows, se puede comprobar su funcionamiento utilizando la herramienta **joy.cpl**.

Win+R >> joy.cpl >> Propiedades

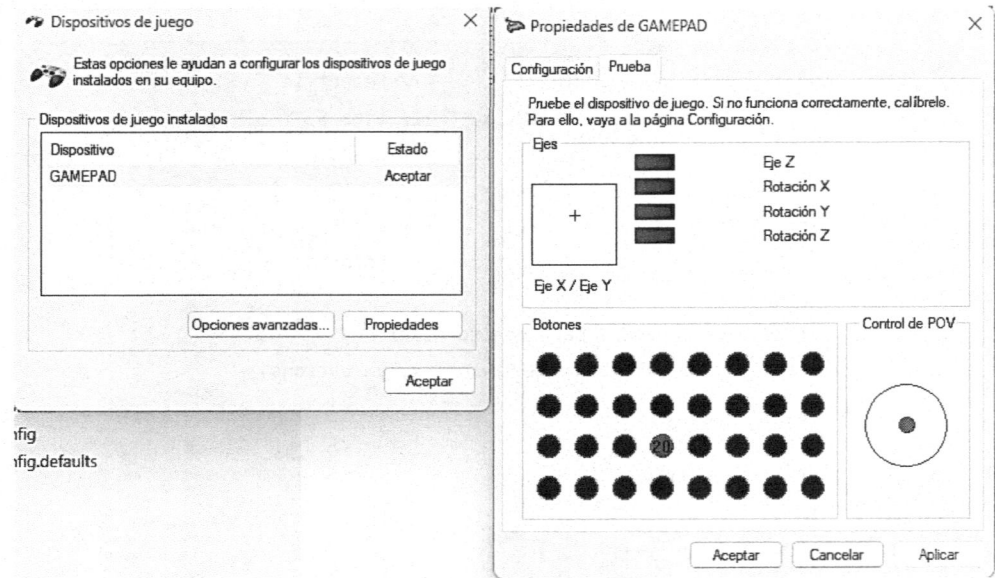

Imagen 51. ESP32-S3 emulando un Joystick por USB nativo

18.3 EJERCICIOS

▶ Escribe un programa que se comunique a través del puerto USB nativo de forma bidireccional, que sea capaz de leer el ADC a alta velocidad y de transmitir esta información.

▶ Por medio de una botonera y un joystick de dos ejes (X e Y) conectado a dos entradas analógicas, simula un *Gamepad* de videoconsola.

▶ Análisis comparativo de latencia UART vs USB nativo.

▶ Implementa dos programas que transmitan una secuencia de datos idéntica:
  • Uno utilizando UART a 115200 baudios.
  • Otro utilizando CDC-ACM sobre USB nativo.

  Mide y compara:
  • Latencia de transmisión.

Ancho de banda efectivo.

- Carga de CPU.
- Utiliza esp_timer_get_time() para realizar las mediciones y documenta los resultados obtenidos.

▼ Uso del USB nativo en modo host.

Configura el ESP32-S3 en modo USB host y conecta un dispositivo USB compatible (por ejemplo, un teclado o ratón). El programa deberá:

- Detectar la conexión del dispositivo.
- Interpretar los eventos generados (teclas o movimientos).
- Mostrar la información recibida por el terminal serie.

19

COMUNICACIÓN I²C

El protocolo **I²C (Inter-Integrated Circuit)** es uno de los estándares más utilizados para comunicar microcontroladores con sensores, memorias, relojes en tiempo real y multitud de periféricos externos. Es especialmente adecuado para distancias cortas, requiere pocas líneas de comunicación y presenta una implementación sencilla. El bus está formado por dos líneas de comunicación SDA (*Serial Data Line*) y SCL (*Serial Clock Line*). Las dos líneas requieren resistencias de *pull-up* externas, típicamente entre 4,7 y 10 kΩ.

La comunicación la inicia el maestro indicando la dirección del dispositivo esclavo con el que se quiere comunicar a través de la línea SDA. Esa dirección es única para cada dispositivo, por ejemplo, el acelerómetro MPU6050 tiene la dirección 0x68.

El maestro puede leer y escribir bytes. Cada dispositivo esclavo que identifica la petición del maestro responde a la solicitud entregando la información en la línea SDA. Los dispositivos esclavos, a su vez también pueden leer y escribir datos después de que el maestro se comunique con ellos. La línea SCL sincroniza la transmisión. Es un protocolo multimaestro, síncrono y bidireccional. La velocidad de comunicación máxima en el ESP32-S3 es de 400 kHz (*Fast mode*) aunque también soporta 100 kHz (*Standard mode*).

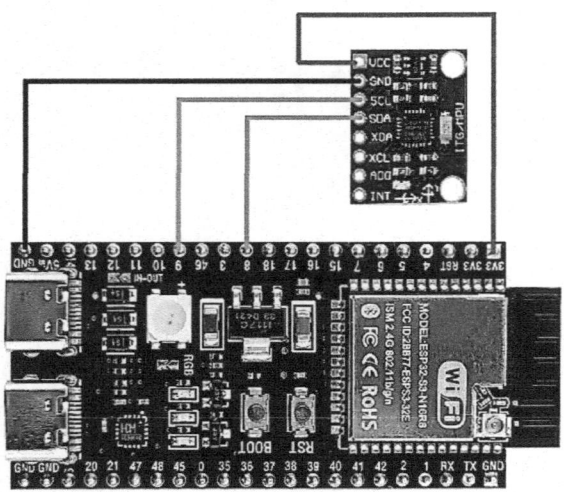

Imagen 52. ESP32-S3 conectado con módulo MPU6050

19.1 CONFIGURACIÓN DE LA COMUNICACIÓN I²C

Para poder utilizar el protocolo I2C con el ESP32-S3 hay que añadir la biblioteca "i2c.h".

```
#include "driver/i2c.h"
```

Se necesita crear un *handler* y configurar las propiedades de la comunicación, para ello se usa la estructura *i2c_config_t*:

```
i2c_config_t conf =
{
    .mode             = I2C_MODE_MASTER,
    .sda_io_num       = I2C_MASTER_SDA_IO,
    .scl_io_num       = I2C_MASTER_SCL_IO,
    .sda_pullup_en    = GPIO_PULLUP_ENABLE,
    .scl_pullup_en    = GPIO_PULLUP_ENABLE,
    .master.clk_speed = I2C_MASTER_FREQ_HZ,
}
```

Seguidamente se registra e instala:

```
i2c_param_config(I2C_MASTER_PORT, &conf);
i2c_driver_install(I2C_MASTER_PORT, conf.mode, 0, 0, 0);
```

Resulta conveniente apoyarse en las siguientes funciones auxiliares:

```c
// Escribir un byte en un registro del MPU6050 ------------
esp_err_t mpu6050_register_write(uint8_t reg_addr, uint8_t data)
{
    uint8_t write_buf[2] = {reg_addr, data};
    return i2c_master_write_to_device(I2C_MASTER_PORT,
                                      MPU6050_ADDR,
                                      write_buf,
                                      sizeof(write_buf),
                                      pdMS_TO_TICKS(1000) );
}


// Leer datos de un registro del MPU6050 ------------------
esp_err_t mpu6050_register_read(uint8_t reg_addr,
                                uint8_t *data,
                                size_t Len)
{
    return i2c_master_write_read_device(I2C_MASTER_PORT,
                                        MPU6050_ADDR,
                                        &reg_addr,
                                        1,
                                        data,
                                        Len,
                                        pdMS_TO_TICKS(1000) );
}
```

Ejemplo 23. Programa que toma datos de MPU6050 a través de I2C.

El sensor MPU6050 combina en un solo integrado un acelerómetro y un sensor de velocidad angular, ambos de tres ejes, ideal para diseñar sistemas de navegación inercial (IMU) por ejemplo para cuadricópteros. En el siguiente ejemplo se desarrolla un programa que comunica el ESP32-S3 con el sensor MPU6050 a través de I²C. SDA se configura en GPIO8 y SCL en GPIO9. La velocidad de comunicación es de 400 kHz. La dirección I2C del sensor es la 0x68. Los resultados se muestran en el terminal serie.

```c
#include <stdio.h>
#include <math.h>
#include "driver/i2c.h"
#include "freertos/FreeRTOS.h"
#include "freertos/task.h"
```

```
#include "driver/gpio.h"


#define MPU6050_ADDR          0x68        // Dirección I2C del MPU6050
#define MPU6050_ACCEL_XOUT_H  0x3B        // Registros del MPU6050
#define MPU6050_PWR_MGMT_1    0x6B


#define I2C_MASTER_SCL_IO     9           // Pin SCL
#define I2C_MASTER_SDA_IO     8           // Pin SDA
#define I2C_MASTER_FREQ_HZ    400000      // Frecuencia de I2C (400 kHz)
#define I2C_MASTER_PORT       I2C_NUM_0   // 0

//---------Escribe registro de MPU6050-----------------------------
esp_err_t mpu6050_register_write(uint8_t reg_addr, uint8_t data)
{
    uint8_t write_buf[2] = {reg_addr, data};
    return i2c_master_write_to_device(I2C_MASTER_PORT,
                                      MPU6050_ADDR,
                                      write_buf,
                                      sizeof(write_buf),
                                      pdMS_TO_TICKS(1000) );
}


//---------Lee registro de MPU6050-----------------------------
esp_err_t mpu6050_register_read(uint8_t reg_addr, uint8_t *data, size_t len)
{
    return i2c_master_write_read_device(I2C_MASTER_PORT,
                                        MPU6050_ADDR,
                                        &reg_addr,
                                        1,
                                        data,
                                        len,
                                        pdMS_TO_TICKS (1000) );
}
//---------Inicializa comunicación I2C en el ESP32-S3-------------
static esp_err_t i2c_master_init(void)
{
    i2c_config_t conf =
    {
        .mode            = I2C_MODE_MASTER,
        .sda_io_num      = I2C_MASTER_SDA_IO,
```

```
        .scl_io_num                 = I2C_MASTER_SCL_IO,
        .sda_pullup_en              = GPIO_PULLUP_ENABLE,
        .scl_pullup_en              = GPIO_PULLUP_ENABLE,
        .master.clk_speed           = I2C_MASTER_FREQ_HZ,
    };

    i2c_param_config(I2C_MASTER_PORT, &conf);
    i2c_driver_install(I2C_MASTER_PORT, conf.mode, 0, 0, 0);

    return ESP_OK;
}


//--------------lectura datos MPU6050 ---------------------------------
void mpu6050_read_accel_gyro(int16_t *accel_x, int16_t *accel_y,
                             int16_t *accel_z, int16_t *gyro_x,
                             int16_t *gyro_y, int16_t *gyro_z)
{
    uint8_t data[14];
    mpu6050_register_read(MPU6050_ACCEL_XOUT_H, data, sizeof(data));

    *accel_x = (data[0] << 8) | data[1];
    *accel_y = (data[2] << 8) | data[3];
    *accel_z = (data[4] << 8) | data[5];
    *gyro_x  = (data[8] << 8) | data[9];
    *gyro_y  = (data[10] << 8) | data[11];
    *gyro_z  = (data[12] << 8) | data[13];
}


//---------------app_main--------------------------------------
void app_main()
{
    i2c_master_init();                                  // Inicializar I2C

    mpu6050_register_write(MPU6050_PWR_MGMT_1, 0x00);  // Despertar el sensor

    // Variables para almacenar los datos
    int16_t acc_x, acc_y, acc_z;
    int16_t gyro_x, gyro_y, gyro_z;

    while (1)
    {
```

```
        // Leer los datos del sensor
        mpu6050_read_accel_gyro(&acc_x, &acc_y, &acc_z,
                        &gyro_x, &gyro_y, &gyro_z);

        // Muestra a través del terminal serie
        printf("A_x: %d, A_y: %d, A_z: %d; W_x: %d, W_y: %d, W_z: %d\n",
                acc_x, acc_y, acc_z,
                gyro_x, gyro_y, gyro_z);

        vTaskDelay(pdMS_TO_TICKS(200));  // Esperar 200 ms.
    }
}
```

19.2 EJERCICIOS

▸ Escribe un programa que sea capaz de conectarse con la pantalla OLED SH1106 que tiene por dirección 0x3C. Busca antes los registros de configuración del dispositivo. Puede apoyarse en ChatGPT como herramienta de consulta.

▸ Escribe un programa que sea capaz de comunicarse con el sensor de campo magnético terrestre (brújula) HMC588L3L que tiene por dirección 0x1E. Busca antes los registros de configuración del dispositivo. Puede apoyarse en ChatGPT como herramienta de consulta.

▸ Escribe un programa que recorra todas las direcciones posibles del bus I²C (0x08–0x77) y detecte qué dispositivos responden. Muestra por el terminal serie las direcciones encontradas.

▸ Calcula la aceleración total y la velocidad angular total a partir de los tres ejes del MPU6050 y muestra su valor módulo en el terminal serie.

▸ Conecta dos dispositivos I²C (por ejemplo, MPU6050 y una pantalla OLED SH1106) al mismo bus y alterna su uso desde el programa.

▸ Escribe un programa que almacene en una memoria EEPROM externa I²C (por ejemplo, 24LC256 / AT24C256) una cadena de texto introducida por el usuario a través del terminal serie. Tras reiniciar el ESP32-S3, el programa debe leer la cadena almacenada y mostrarla por pantalla.

20

COMUNICACIÓN IEEE 802.11 B/G/N (WI-FI)

El ESP32-S3 integra un *transceiver* Wi-Fi IEEE 802.11 b/g/n completamente *hardware*, capaz de operar en modo estación (STA), punto de acceso (AP) o simultáneamente en ambos (STA+AP). Este módulo permite extender las aplicaciones embebidas hacia servicios en la nube, configuración remota, telemetría y comunicación máquina-a-máquina (M2M).

ESP-IDF proporciona una pila de red madura y un conjunto de APIs de alto nivel que simplifican la conexión, el manejo de credenciales, la gestión de eventos y las comunicaciones HTTP/HTTPS, MQTT o UDP.

En este capítulo se presentan tres ejemplos que permiten ver el potencial de este periférico: un cliente HTTPS, un servidor HTTPS y un servidor UDP, suficientes para cubrir los casos de uso más comunes en proyectos de laboratorio y sistemas IoT reales.

El sistema de configuración de ESP-IDF permite introducir el SSID y la contraseña desde *menuconfig*, donde se almacenan en la NVS de manera cifrada. El componente *protocol_examples_common* automatiza la inicialización de NVS, el sistema de red (esp_netif), el bucle de eventos y la conexión Wi-Fi, reduciendo el código necesario para conectarse a un *router*. La red se especifica en la etiqueta EXAMPLE_WIFI_SSID y la contraseña en la etiqueta EXAMPLE_WIFI_ PASSWORD.

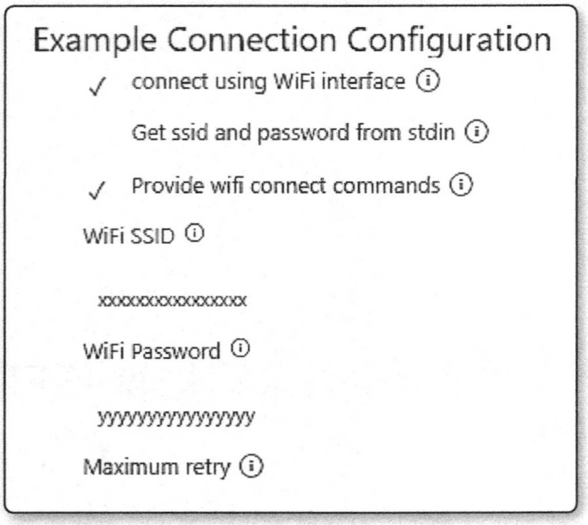

Imagen 53. Configuración de SSID y la contraseña

Como se puede intuir, esta solución sólo es válida para pruebas en una red local controlada. Es necesario indicar al compilador que se va a utilizar la configuración de red por defecto definida en el *menuconfig*:

```
#include "protocol_examples_common.h"
```

El ESP32-S3 no necesita almacenar un certificado propio ya que utiliza un *bundle* de certificados raíz integrado en el firmware (*esp_crt_bundle_attach*) que se compila junto con la aplicación.

Los valores de la red (SSID y contraseña) se almacenan en la NVS, por lo que es necesario inicializarla antes de establecer la conexión Wi-Fi. La memoria Flash debe inicializarse mediante *nvs_flash_init*() y, en caso necesario, borrarse y volver a inicializarse si la partición está llena o ha cambiado de versión.

```
#include "nvs_flash.h"
#include "esp_event.h"
#include "esp_netif.h"
```

La siguiente secuencia inicializa la memoria Fash, obtiene los parámetros de la red Wi-Fi, y establece la conexión con el *router*.

```
esp_err_t ret = nvs_flash_init();
if (ret == ESP_ERR_NVS_NO_FREE_PAGES || ret == ESP_ERR_NVS_NEW_VERSION_FOUND)
{
```

```
    nvs_flash_erase();
    ret = nvs_flash_init();
}

esp_netif_init();
esp_event_loop_create_default();
example_connect();
```

> **ⓘ Nota**
>
> La función *example_connect( )* bloquea la ejecución hasta recibir el evento IP_EVENT_ STA_GOT_IP, lo que garantiza que la interfaz Wi-Fi está plenamente operativa antes de continuar con el programa.

El flujo de conexión Wi-Fi en modo estación (STA) del ESP32-S3 se podría resumir de la siguiente forma:

Inicialización de NVS

↓

Inicialización de esp_netif

↓

Creación de event loop

↓

Registro de *handlers* Wi-Fi e IP

↓

Configuración SSID/PASSWORD

↓

Llamada *esp_wifi_start()*

↓

Asociación al punto de acceso

↓

Autenticación

↓

Obtención de IP (DHCP)

↓

Evento IP_EVENT_STA_GOT_IP (el dispositivo ya dispone de dirección IP válida)

20.1 CLIENTE HTTPS

El código que se muestra a continuación se ha elaborado a partir del ejemplo disponible en: \v5.5.1\esp-idf\examples\protocols\esp_http_client\main\

Este tipo de cliente es habitual en aplicaciones M2M que requieren intercambiar pequeños volúmenes de datos con un servidor o API, tales como comandos de configuración, telemetría o diagnóstico remoto.

Para hacer una petición a una URL usando HTTPS, en primer lugar, se configura la estructura *esp_http_client_config_t:*

```
esp_http_client_config_t config = {
    .url                // url,
    .event_handler      // _handler,
    .crt_bundle_attach  // esp_crt_bundle_attach,
    .user_data          // buffer donde almacenar el mensaje recibido,
};
```

La opción *esp_crt_bundle_attach* utiliza un *bundle* de certificados raíz integrado en el firmware, evitando tener que almacenar manualmente certificados PEM individuales. Esta característica simplifica el uso de HTTPS y elimina la necesidad de mantener certificados actualizados en la memoria Flash.

El cliente HTTPS opera de forma orientada a eventos, cada fase de la comunicación genera una llamada al *callback*, lo que permite depurar, registrar encabezados HTTP, recibir datos fragmentados y gestionar redirecciones.

El *handler* será un puntero a una *callback* que gestione los eventos producidos durante la petición a la URL, por ejemplo:

```
esp_err_t _http_event_handler(esp_http_client_event_t *evt)
{
    switch (evt->event_id)
    {
        case HTTP_EVENT_ERROR:
            break;

        case HTTP_EVENT_ON_CONNECTED:
            break;

        case HTTP_EVENT_HEADER_SENT:
            break;
```

```
        case HTTP_EVENT_ON_HEADER:
            break;

        case HTTP_EVENT_ON_DATA:
            break;

        case HTTP_EVENT_ON_FINISH:
            break;

        case HTTP_EVENT_DISCONNECTED:
            break;

        case HTTP_EVENT_REDIRECT:
            break;
    }
    return ESP_OK;
}
```

HTTP_EVENT_ON_DATA puede ser llamado varias veces dependiendo del tamaño de la respuesta o del modo de paquetes (*chunked*), por lo que es obligatorio acumular manualmente la información.

Se registra el cliente https por medio de la función *esp_http_client_init* ( ), que toma como parámetro la estructura *esp_http_client_config_t*:

```
esp_http_client_handle_t esp_http_client_init(
        const esp_http_client_config_t *config);
```

Por último, se inicia el cliente usando la función:

```
esp_err_t err = esp_http_client_perform(esp_http_client_handle_t client);
```

En el ejemplo propuesto quedará más clara esta configuración.

Ejemplo 24. Programa que funciona como cliente HTTPS.

En el siguiente ejemplo, basado en el \esp\v5.5.1\esp-idf\examples\protocols\ esp_http_client\main\esp_http_client_example.c, se configura el ESP32-S3 para que sea capaz de conectarse a la red Wi-Fi local y que realice una petición a una URL de prueba a través de HTTPS. Esta URL responde y obtiene información de prueba desde la API.

```c
#include <sys/param.h>
#include "nvs_flash.h"
#include "esp_event.h"
#include "esp_netif.h"
#include "protocol_examples_common.h"
#include "esp_tls.h"
#include "esp_crt_bundle.h"
#include "freertos/FreeRTOS.h"
#include "esp_system.h"
#include "esp_http_client.h"
#include "driver/gpio.h"


#define PULS 0
#define MAX_HTTP_OUT_BUFF 4096


static char local_response_buffer[MAX_HTTP_OUT_BUFF] = {0};     // buffer
static int output_len = 0;

//---------------------------------------------------------------------------
esp_err_t _http_event_handler(esp_http_client_event_t *evt)
{
    switch (evt->event_id)
    {
        case HTTP_EVENT_ERROR:
            printf("HTTP_EVENT_ERROR\n");
            break;

        case HTTP_EVENT_ON_CONNECTED:
            printf("HTTP_EVENT_ON_CONNECTED\n");
            break;

        case HTTP_EVENT_HEADER_SENT:
            printf("HTTP_EVENT_HEADER_SENT\n");
            break;

        case HTTP_EVENT_ON_HEADER:
            printf("HTTP_EVENT_ON_HEADER, key=%s, value=%s\n", evt->header_key,
             evt->header_value);
            break;
```

```
        case HTTP_EVENT_ON_DATA: // puede ejecutarse múltiples veces
            printf("HTTP_EVENT_ON_DATA, len=%d\n", evt->data_len);
            if (evt->user_data)
            {
                // Acumular datos en el buffer
                int copy_len = MIN(evt->data_len,
                                    MAX_HTTP_OUT_BUFF-output_len-1);
                if (copy_len > 0)
                {
                    memcpy((char*)evt->user_data + output_len,
                                    evt->data,copy_len);
                                    output_len += copy_len;
                }
            }
            break;

        case HTTP_EVENT_ON_FINISH:
            printf("HTTP_EVENT_ON_FINISH\n");
            output_len = 0;  // reiniciar el contador
            break;

        case HTTP_EVENT_DISCONNECTED:
            printf("HTTP_EVENT_DISCONNECTED\n");
            break;

        case HTTP_EVENT_REDIRECT:
            printf("HTTP_EVENT_REDIRECT\n");
            esp_http_client_set_header(evt->client, "From", "user@example.com");
            esp_http_client_set_header(evt->client, "Accept", "text/html");
            esp_http_client_set_redirection(evt->client);
            break;
    }
    return ESP_OK;
}

//---------------------------------------------------------------------------
static void https_with_url(void)
{
```

```c
    esp_http_client_config_t config = {
        .url                = "https://catfact.ninja/fact",   //URL de prueba
        .event_handler      = _http_event_handler,            //callback
        .crt_bundle_attach  = esp_crt_bundle_attach,          //certificado
        .user_data          = local_response_buffer,          //buffer
    };

    printf("Petición HTTPS a la URL:  => %s\n", config.url);

    esp_http_client_handle_t client = esp_http_client_init(&config);
    esp_err_t err = esp_http_client_perform(client);

    if (err == ESP_OK)
    {
        printf("HTTPS Status = %d, content_length = %llu\n",
                esp_http_client_get_status_code(client),
                esp_http_client_get_content_length(client));

        printf("Response: \n %s\n", local_response_buffer); // Mostrar respuesta
        memset(local_response_buffer,0, MAX_HTTP_OUT_BUFF);
    } else {
        printf("Error perform http request %s\n", esp_err_to_name(err));
    }

    esp_http_client_cleanup(client);
}
//-------------------------------------------------------------------------------
int pulsador  = 0;
int pulsador1 = 0;

void app_main(void)
{
    //configura la entrada digital
    gpio_config_t io_conf = {
        .pin_bit_mask = 1ULL << PULS,
        .mode         = GPIO_MODE_INPUT,
        .pull_up_en   = GPIO_PULLUP_ENABLE,
    };
    gpio_config(&io_conf);
    //configura la memoria nvs
```

```
esp_err_t ret = nvs_flash_init();
if (ret == ESP_ERR_NVS_NO_FREE_PAGES ||
    ret == ESP_ERR_NVS_NEW_VERSION_FOUND)
{
    nvs_flash_erase();
    ret = nvs_flash_init();
}

//conecta con la SSID y PASSWORD definida en protocol_examples_common
esp_netif_init();
esp_event_loop_create_default();
example_connect();

printf("\n Conectado al Router, comienza el ejemplo\n");
printf("Pulsa BOOT para saber cosas de gatitos\n");

while (1)
{
    //detección de flanco
    pulsador  = gpio_get_level(PULS);
    if ((pulsador != pulsador1)&&(pulsador == 0))
    {
        printf("Pulsador activado\n");
        https_with_url();    //petición de URL en cada flanco de BOOT
    }
    pulsador1 = pulsador;    //actualiza valor con el actual

    vTaskDelay(pdMS_TO_TICKS(100));
}
}
```

Salida observada en el terminal serie:

```
I (6252) example_connect: Got IPv4 event: Interface "example_netif_sta" address:
192.168.0.17
I (6252) example_common: Connected to example_netif_sta
I (6262) example_common: - IPv4 address: 192.168.0.17,
I (6262) example_common: - IPv6 address: XXXX:0000:0000:0000:XXXX:XXXX:XXXX:XX
XX, type: ESP_IP6_ADDR_IS_LINK_LOCAL
```

```
Conectado al Router, comienza el ejemplo
Pulsa Boot para saber cosas de gatitos

Pulsador activado
|||||||||||||||||||||||||||||||||||| #########PRIMERA PULSACIÓN#########
HTTPS request with URL => https://catfact.ninja/fact
I (11072) esp-x509-crt-bundle: Certificate validated
HTTP_EVENT_ON_CONNECTED
HTTP_EVENT_HEADER_SENT
HTTP_EVENT_ON_HEADER, key=Date, value=Sun, 23 Nov 2025 16:16:32 GMT
HTTP_EVENT_ON_HEADER, key=Content-Type, value=application/json
HTTP_EVENT_ON_HEADER, ...
HTTP_EVENT_ON_FINISH
HTTPS Status = 200, content_length = 96
Response:
 {"fact":"A cat's normal pulse is 140-240 beats per minute, with an average of
195.","length":73}
HTTP_EVENT_DISCONNECTED

Pulsador activado
|||||||||||||||||||||||||||||||||||| #########SEGUNDA PULSACIÓN#########
HTTP_EVENT_ON_FINISH
HTTPS Status = 200, content_length = 74
Response:
 {"fact":"The cat has 500 skeletal muscles (humans have 650).","length":51} of
195.","length":73}
HTTP_EVENT_DISCONNECTED
```

En caso de que la URL no exista, se recibiría el siguiente mensaje de error:

```
Petición HTTPS a la URL:  => https://catfact2.ninja/fact
E (8382) esp-tls: couldn't get hostname for :catfact2.ninja: getaddrinfo()
returns 202, addrinfo=0x0
E (8382) esp-tls: Failed to open new connection
E (8392) transport_base: Failed to open a new connection
E (8392) HTTP_CLIENT: Connection failed, sock < 0
HTTP_EVENT_ERROR
Error perform http request ESP_ERR_HTTP_CONNECT
HTTP_EVENT_DISCONNECTED
```

20.2 SERVIDOR WEB

En este ejemplo, el ESP32-S3 actúa como servidor web capaz de exponer variables internas del sistema y modificarlas a través de una página HTML.

Para ello, se empieza creando un *handler* del servidor de tipo *httpd_handle_t*.

```
static httpd_handle_t server = NULL;
```

La inicialización sigue el mismo patrón que en el cliente HTTPS: primero se inicializa la partición NVS mediante *nvs_flash_init*(), después el sistema de red con *esp_netif_init*() y finalmente se crea el bucle de eventos con: *esp_event_loop_create_default*( ).

A continuación, se registran los dos eventos necesarios para gestionar la conexión Wi-Fi. El primero se ejecuta cuando el dispositivo obtiene una dirección IP; en ese momento se arranca el servidor web:

```
esp_event_handler_register(IP_EVENT,
                           IP_EVENT_STA_GOT_IP,
                           &connect_handler,
                           &server);
```

El segundo evento se dispara cuando se pierde la conexión, momento en el que el servidor debe detenerse:

```
esp_event_handler_register(WIFI_EVENT,
                           WIFI_EVENT_STA_DISCONNECTED,
                           &disconnect_handler,
                           &server);
```

Finalmente, se establece la conexión Wi-Fi llamando a *example_connect*( ).

La página web *view1.html* se incrusta como un recurso binario que se crea en el momento de la compilación. Se accede a ella de la siguiente manera:

```
extern unsigned char view_start[] asm("_binary_view1_html_start");
extern unsigned char view_end[] asm("_binary_view1_html_end");
```

El tamaño y la copia del contenido se obtienen así:

```
size_t view_len = view_end - view_start;
char viewHtml[view_len];
memcpy(viewHtml, view_start, view_len);
```

Posteriormente, la respuesta HTML se formatea mediante *asprintf( )*.

Se establece el tipo MIME con:

```
httpd_resp_set_type(req, "text/html");
```

y se envía al navegador:

```
httpd_resp_send(req, viewHtmlUpdated, view_len);
free(viewHtmlUpdated);
```

Una vez conectado al punto de acceso local, el propio ESP32-S3 muestra por el terminal serie la dirección IP asignada:

```
Starting server
I (6264) esp_https_server: Starting server
I (6264) esp_https_server: Server listening on port 80
Registering URI handlersI (6264) esp_netif_handlers: example_netif_sta ip: 192.168.0.17, mask: 255.255.255.0, gw: 192.168.0.1
I (6274) example_connect: Got IPv4 event: Interface "example_netif_sta" address: 192.168.0.17
```

Imagen 54. Asignación de dirección IP

> **(i) Nota**
>
> Para incrustar el archivo HTML en el binario, debe incluirse en EMBED_TXTFILES:

```
idf_component_register(SRCS "main.c"
                       INCLUDE_DIRS "."
                       EMBED_TXTFILES "view1.html")
```

Ejemplo 25. Programa que funciona como Servidor web.

En el siguiente ejemplo basado en \esp\v5.5.1\esp-idf\examples\protocols\https_server\simple\main\main.c, el ESP32-S3 se conecta a la red Wi-Fi local y monta un servidor web que permite cambiar el color de un LED inteligente (WS2812). La página web contiene tres botones que generan peticiones GET: ?led-r, ?led-g o ?led-b. El servidor interpreta el parámetro recibido y actualiza el color del LED. El archivo "*view1.html*" no se reproduce aquí por motivos de espacio.

```
#include <stdio.h>
#include <sys/param.h>
#include <nvs_flash.h>
#include <esp_system.h>
```

```c
#include "esp_netif.h"
#include <esp_wifi.h>
#include <esp_https_server.h>
#include "protocol_examples_common.h"
#include "led_strip.h"
#include "driver/gpio.h"

#define LED_R 1
#define LED_G 2
#define LED_B 3

#define LED_GPIO 48

//variables que reciben la respuesta del cliente web
int8_t led_r_state = 0;
int8_t led_g_state = 0;
int8_t led_b_state = 0;

void toggle_led(int led);

static led_strip_handle_t led_strip;

//------------------------------------------------------------------------------
static esp_err_t root_get_handler(httpd_req_t *req)
{
    extern unsigned char view_start[] asm("_binary_view1_html_start");
    extern unsigned char view_end[] asm("_binary_view1_html_end");

    size_t view_len = view_end - view_start;

    char viewHtml[view_len];

    memcpy(viewHtml, view_start, view_len);
    printf("URI: %s", req->uri);

    if (strcmp(req->uri, "/?led-r") == 0)
        toggle_led(LED_R);

    if (strcmp(req->uri, "/?led-g") == 0)
        toggle_led(LED_G);
```

```
    if (strcmp(req->uri, "/?led-b") == 0)
        toggle_led(LED_B);


    char *viewHtmlUpdated;
    int formattedStrResult = asprintf(&viewHtmlUpdated, viewHtml,
                                      led_r_state ? "ON" : "OFF",
                                      led_g_state ? "ON" : "OFF",
                                      led_b_state ? "ON" : "OFF");


    httpd_resp_set_type(req, "text/html");


    if (formattedStrResult > 0)
    {
        httpd_resp_send(req, viewHtmlUpdated, view_len);
        free(viewHtmlUpdated);
    }
    else
    {
        printf("Error updating variables\n");
        httpd_resp_send(req, viewHtml, view_len);
    }


    return ESP_OK;
}


//-----------------------------------------------------------------------
static const httpd_uri_t root =
{
    .uri = "/",
    .method = HTTP_GET,
    .handler = root_get_handler
};


//-----------------------------------------------------------------------
static httpd_handle_t start_webserver(void)
{
    httpd_handle_t server = NULL;


    // Inicia el servidor web
    httpd_ssl_config_t conf = HTTPD_SSL_CONFIG_DEFAULT();
    conf.transport_mode = HTTPD_SSL_TRANSPORT_INSECURE;
```

```
    /* En este ejemplo se utiliza HTTP sin cifrado por
       simplicidad y fines didácticos */

    esp_err_t ret = httpd_ssl_start(&server, &conf);
    if (ESP_OK != ret){
        printf("Error arrancando el servidor!\n");
        return NULL;
    }
    httpd_register_uri_handler(server, &root);
    return server;
}


//---------------------------------------------------------------------
static void stop_webserver(httpd_handle_t server)
{
    // Detiene el servidor web
    httpd_ssl_stop(server);
}


//---------------------------------------------------------------------
static void disconnect_handler(void *arg, esp_event_base_t event_base, int32_t
event_id, void *event_data)
{
    httpd_handle_t *server = (httpd_handle_t *)arg;
    if (*server)
    {
        stop_webserver(*server);
        *server = NULL;
    }
}


//---handler de conexión---------------------------------------------
static void connect_handler(void *arg, esp_event_base_t event_base, int32_t
event_id, void *event_data)
{
    httpd_handle_t *server = (httpd_handle_t *)arg;
    if (*server == NULL)
    {
        *server = start_webserver(); //inicia servidor web
    }
}
```

```
//----Conmuta el LED de color   ------------------------------------------------
void toggle_led(int led)
{
    led_strip_clear(led_strip);
    switch (led)
    {
    case LED_R:
        led_strip_set_pixel(led_strip, 0, 255, 0, 0);
        led_r_state=1;led_g_state=0;led_b_state=0;
        break;

    case LED_G:
        led_strip_set_pixel(led_strip, 0, 0, 255, 0);
        led_r_state=0;led_g_state=1;led_b_state=0;
        break;

    case LED_B:
        led_strip_set_pixel(led_strip, 0, 0, 0, 255);
        led_r_state=0;led_g_state=0;led_b_state=1;
        break;

    default:
        led_strip_clear(led_strip);
        led_r_state=0;led_g_state=0;led_b_state=0;
        break;
    }
    led_strip_refresh(led_strip);
}

//------Configura el LED Inteligente -------------------------------------------
static void configure_led(void)
{
    gpio_set_direction(LED_GPIO, GPIO_MODE_OUTPUT);

    led_strip_config_t strip_config = {
        .strip_gpio_num = 48,
        .led_model      = LED_MODEL_WS2812, // Modelo de LED
        .max_LED        = 1, // at least one LED on board
    };
```

```c
    led_strip_rmt_config_t rmt_config = {
        .resolution_hz = 10 * 1000 * 1000, // 10 MHz
        .flags.with_dma = false,
    };
    led_strip_new_rmt_device(&strip_config, &rmt_config, &led_strip);

    // apaga todos los LED
    led_strip_clear(led_strip);
}
//----------------------------------------------------------------------------
void app_main(void)
{
    // configura el LED inteligente
    configure_led();

    static httpd_handle_t server = NULL;

    // datos de conexión al punto de acceso (SSID + PASSWD)
    nvs_flash_init();
    esp_netif_init();

    // crea bucle de eventos
    esp_event_loop_create_default();

    // registra Handler de conexión
    esp_event_handler_register(IP_EVENT,
                               IP_EVENT_STA_GOT_IP,
                               &connect_handler,
                               &server);
    // registra Handler de desconexión
    esp_event_handler_register(WIFI_EVENT,
                               WIFI_EVENT_STA_DISCONNECTED,
                               &disconnect_handler,
                               &server);

    // conecta AP e inicia Servidor
    example_connect();
}
```

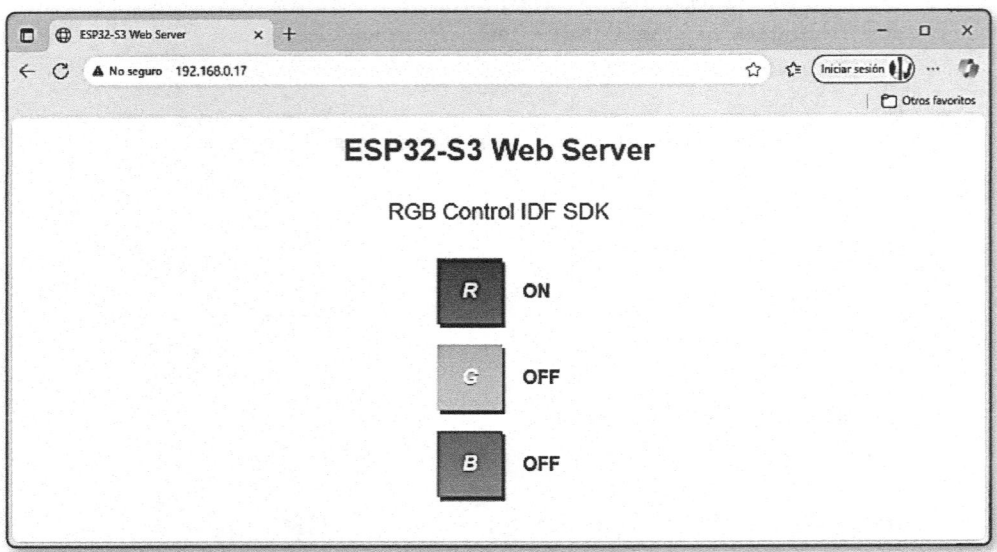

Imagen 55. Servidor web ejecutándose en el ESP32-S3

20.3 SERVIDOR UDP

La comunicación punto a punto mediante UDP resulta especialmente útil en microcontroladores porque permite enviar y recibir datos con una latencia muy baja y sin la sobrecarga de protocolos orientados a conexión. Al no requerir establecimiento previo de sesión ni confirmación de entrega, el intercambio es inmediato y eficiente en términos de CPU y memoria, lo cual resulta crítico en sistemas embebidos. Este enfoque es idóneo para telemetrías rápidas, control distribuido, sincronización ligera entre nodos o difusión periódica de estados. Aunque sacrifica fiabilidad, su simplicidad lo convierte en una herramienta potente cuando la aplicación tolera alguna pérdida puntual de datos en la transmisión o implementa su propio mecanismo de verificación. Para un microcontrolador, UDP representa la vía más directa y veloz de transportar información en redes IP.

La comunicación se basa en *sockets*. Las funciones de envío y recepción son bloqueantes si no se configura explícitamente como no bloqueantes, por lo que deben emplearse considerando las restricciones temporales del sistema. En el siguiente ejemplo, se configura la comunicación para enviar un datagrama a la IP 192.168.0.15 por el puerto 3333, para ello, primero se configura la estructura de dirección IP:

```
struct sockaddr_in dest_addr;
dest_addr.sin_family    = AF_INET;
dest_addr.sin_port      = htons(3333);
dest_addr.sin_addr.s_addr = inet_addr("192.168.0.15");   // IP destino
```

A continuación, se crea el socket:

```
int socket(int domain,        // [AF_INET | AF_INET6]
int type,                     // [SOCK_DGRAM | SOCK_STREAM] - UDP/TCP
int protocol;                 // [IPPROTO_UDP| IPPROTO_IP | IPPROTO_TCP]
```

Para transmitir, se usa *sendto*:

```
err = sendto(int sockfd,
             const void *buf,
             size_t len,
             int flags,
             const struct sockaddr *dest_addr,
             socklen_t addrlen);
```

Para recibir datagramas desde cualquier origen dentro de la red, se configura la dirección local con sockaddr_in y se permite tráfico entrante desde cualquier IP:

```
struct sockaddr_in local_addr;
local_addr.sin_family    = AF_INET;
local_addr.sin_port      = htons(PORT);        // Escucha en el mismo puerto
local_addr.sin_addr.s_addr = htonl(INADDR_ANY);
```

Se asigna la dirección del socket:

```
int err = bind(sock, (struct sockaddr *)&local_addr, sizeof(local_addr));
```

Para evitar bloqueos en la recepción, se debe definir un *timeout*:

```
struct timeval timeout;
timeout.tv_sec  = 0;
timeout.tv_usec = 20000;   // 20 ms → recvfrom() NO bloquea el bucle
setsockopt(sock, SOL_SOCKET, SO_RCVTIMEO, &timeout, sizeof(timeout));
```

Y para escuchar en el puerto PORT, se usa *recvfrom*:

```
ssize_t recvfrom(int sockfd,
                 void *buf,
                 size_t len,
                 int flags,
                 struct sockaddr *src_addr,
                 socklen_t *addrlen);
```

Ejemplo 26. Programa que funciona como Servidor UDP.

En el siguiente ejemplo, el ESP32-S3 se conecta a la red Wi-Fi local y monta un servidor UDP. Transmite un dato cada 40 ms en el puerto 3333 hacia la IP: 192.168.0.15 escuchando por *polling* también en el mismo puerto desde cualquier otra IP. Lo que el ESP32-S3 recibe, lo publica en el terminal serie. El ESP32-S3 envía, a modo de prueba de latencia, el tiempo que tarda en ejecutar el ciclo completo.

```c
#include <string.h>
#include <sys/param.h>
#include "freertos/FreeRTOS.h"
#include "freertos/task.h"
#include "esp_system.h"
#include "esp_wifi.h"
#include "esp_event.h"
#include "nvs_flash.h"
#include "esp_netif.h"
#include "protocol_examples_common.h"


#include "lwip/err.h"
#include "lwip/sockets.h"
#include "lwip/sys.h"
#include <lwip/netdb.h>


#include "esp_timer.h"


#define PORT 3333


void app_main(void)
{
    int addr_family = AF_INET;  // IPv4

    nvs_flash_init();
    esp_netif_init();
    esp_event_loop_create_default();
    example_connect();

    //-------------------------- IP DESTINO TX -----------------------------
    struct sockaddr_in dest_addr;
    dest_addr.sin_family = AF_INET;
```

```c
dest_addr.sin_port = htons(PORT);
dest_addr.sin_addr.s_addr = inet_addr("192.168.0.15");   // IP destino


//------------------------------ Crea SOCKET ------------------------------
int sock = socket(addr_family, SOCK_DGRAM, IPPROTO_IP);


if (sock < 0) {
    printf("Error al crear el socket, err: %d\n", errno);
    return;
}
printf("Socket creado\n");


//---------------------------- BIND RX (Asigna Puerto RX)------------------
struct sockaddr_in local_addr;
local_addr.sin_family = AF_INET;
local_addr.sin_port = htons(PORT);          // Escucha en el mismo puerto
local_addr.sin_addr.s_addr = htonl(INADDR_ANY); // Acepta de cualquier IP


int err = bind(sock, (struct sockaddr *)&local_addr, sizeof(local_addr));
if (err < 0) {
    printf(„Error en bind(): %d\n", errno);
    return;
}


//--------------------------- TIMEOUT RX ---------------------------------
struct timeval timeout;
timeout.tv_sec = 0;
timeout.tv_usec = 20000;   // 20 ms → recvfrom() NO bloquea el bucle
setsockopt(sock, SOL_SOCKET, SO_RCVTIMEO, &timeout, sizeof(timeout));


//--------------------------- LOOP PRINCIPAL ----------------------------
int64_t dT = 0;


while (1)
{
    //------------------ TRANSMISIÓN (sendto) ------------------
    char mensaje[64] = {0};
    sprintf(mensaje,"dt=%llu us.", dT);  // Formatea el tiempo de ciclo
    int len = strlen(mensaje);
```

```
        int64_t t1 = esp_timer_get_time();  // Toma tiempos, t1


    err = sendto(sock,
                 mensaje,
                 len,
                 0,
                 (struct sockaddr*)&dest_addr,
                 sizeof(dest_addr));


    if (err < 0)
        printf("sendto falló: errno=%d\n", errno);


    //--------------------- RECEPCIÓN (recvfrom) ----------------------
    char rx_buffer[128];
    struct sockaddr_in source_addr;
    socklen_t socklen = sizeof(source_addr);


    int rxlen = recvfrom(sock, rx_buffer, sizeof(rx_buffer)-1, 0,
                         (struct sockaddr *)&source_addr, &socklen);


    if (rxlen > 0) {
        rx_buffer[rxlen] = 0;
        char ip_str[INET_ADDRSTRLEN];
        inet_ntop(AF_INET, &source_addr.sin_addr, ip_str, sizeof(ip_str));


        printf("RX desde %s: %s\n", ip_str, rx_buffer);
    }
    // Si rxlen < 0 por timeout, no pasa nada → se ignora.


    int64_t t2 = esp_timer_get_time();  // Toma tiempos, t2
    dT = t2 - t1;


    vTaskDelay(pdMS_TO_TICKS(10));
    }
}
```

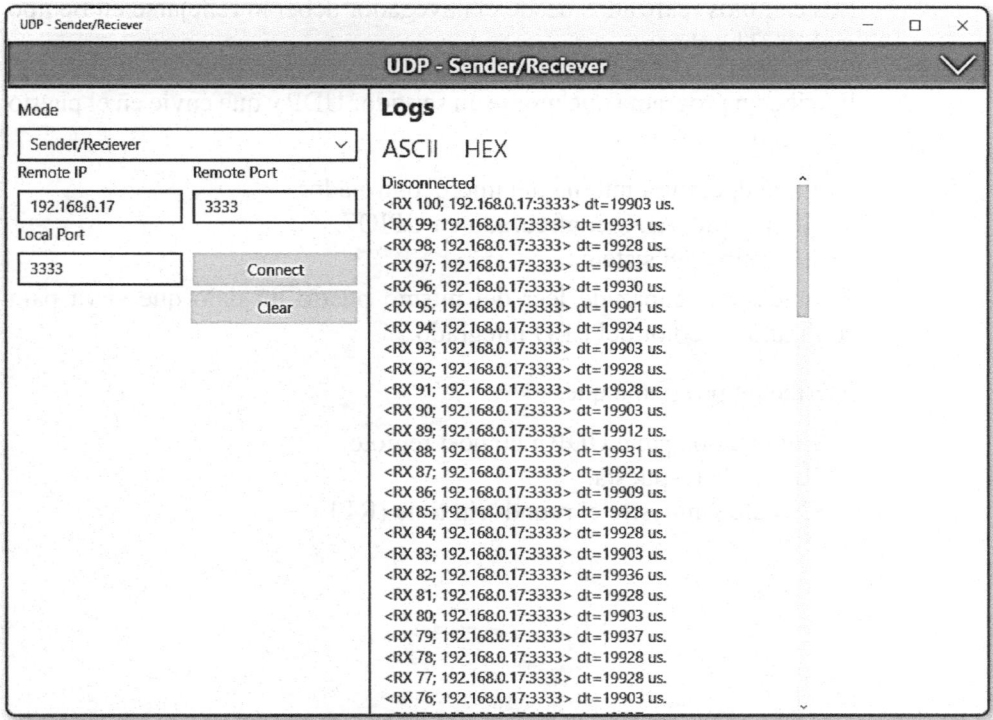

Imagen 56. UDP data Terminal (RX y TX)

20.4 EJERCICIOS

▶ Escribe un programa que realice una petición HTTPS a:

- *https://zenquotes.io/api/random* cada vez que se reciba el carácter '1' por el terminal serie.
- *https://api.quotable.io/random* cada vez que se reciba el carácter '2' por el terminal serie.

El contenido de la respuesta deberá mostrarse por el terminal serie.

▶ Escribe un programa que haga una consulta a *https://worldtimeapi.org/api/timezone/Europe/Madrid* y configure la hora del ESP32-S3.

▶ Escribe un programa que monte un servidor web y muestre:

- La temperatura interna del microcontrolador.
- El valor del ADC configurado en GPIO7 por medio de una barra.
- Un cursor que pueda cambiar la iluminación del LED inteligente.

Los cambios realizados desde el navegador deberán reflejarse en tiempo real en el hardware.

▶ Escribe un programa que monte un servidor UDP y que envíe en el puerto 3333 cada 0,1 s.

- La temperatura interna del microcontrolador.
- El valor del ADC configurado en GPIO7.
- El tiempo del sistema.

También será capaz de leer del mismo puerto un dato que sirva para configurar el color del LED integrado.

▶ Escribe un programa que:

- Envíe un paquete UDP a un host remoto.
- Reciba la respuesta.
- Calcule y muestre el round-trip time (RTT).

21

COMUNICACIÓN POR BLUETOOTH

El ESP32-S3 incorpora comunicación Bluetooth Low Energy (BLE). Este protocolo no es compatible con Bluetooth clásico (BR/EDR), a diferencia de algunos modelos anteriores de la familia ESP32 que integraban ambos modos. **BLE** está orientado a comunicaciones de bajo consumo, baja latencia y pequeños volúmenes de datos, lo que lo hace especialmente adecuado para aplicaciones embebidas e IoT.

La comunicación BLE en el ESP32-S3 está basada en **NimBLE**, una pila ligera, modular y eficiente, diseñada para sistemas embebidos con recursos limitados. NimBLE implementa completamente el *host BLE* conforme a la especificación Bluetooth y constituye una solución de código abierto ampliamente utilizada en entornos profesionales.

Arquitectura software de BLE en el ESP32-S3

Desde el punto de vista del software, la comunicación BLE se organiza en capas bien definidas. La aplicación de usuario no interactúa directamente con el hardware de radio, sino que lo hace a través de la pila BLE, que actúa como intermediaria y abstrae los detalles del protocolo.

La arquitectura general puede representarse de la siguiente forma:

```
Aplicación
  └─ NimBLE (Host BLE)
       └─ GAP       Visibilidad, escaneo y conexión.
          ─ GATT    Definición de servicios y características.
          ─ ATT     Acceso a atributos.
          ─ SMP     Seguridad, emparejamiento y bonding.
          ─ L2CAP   Capa de transporte.

  └─ Controlador BLE (HW / FW)
       └─ Radio + Link Layer
```

Las capas GAP, GATT, ATT, SMP y L2CAP forman parte del denominado *host BLE*, mientras que el controlador BLE implementa la capa física y la capa de enlace. Ambas partes se comunican mediante una interfaz bien definida, lo que permite separar claramente la lógica de la aplicación del acceso al hardware de radio.

Cada una de estas capas cumple una función específica dentro del protocolo. En particular, **GAP** gestiona la visibilidad y el establecimiento de conexiones, mientras que **GATT** y **ATT** definen el modelo de datos y los mecanismos de acceso a la información.

A diferencia de interfaces de comunicación tradicionales como la UART, en BLE no existen flujos de datos continuos. Todo intercambio de información se construye sobre el modelo GATT, basado en operaciones sobre atributos. Un servicio GATT agrupa un conjunto de características relacionadas y define qué datos ofrece un dispositivo y cómo pueden ser accedidos por un cliente BLE.

La estructura conceptual de un servicio GATT es la siguiente:

Servicio GATT
    └ — Característica
        — Valor.
        — Descriptores (CCC, User Description, etc.).
    └ — Característica

Este modelo orientado a atributos proporciona una gran flexibilidad, pero obliga a diseñar explícitamente la estructura de los datos y los mecanismos de acceso, lo que condiciona la forma en que se implementan servicios de comunicación de propósito general, como la emulación de una UART sobre BLE.

El ESP32-S3 puede comunicarse mediante BLE con cualquier dispositivo compatible con este protocolo, habitualmente *smartphones* y tabletas. En este capítulo se presenta un ejemplo de un servicio de tipo "UART sobre BLE (SPP)", que permite intercambiar datos con una aplicación de terminal serie instalada en un teléfono móvil.

Imagen 57. Terminal serie en Smartphone

Ejemplo 27. UART sobre BLE (SPP) entre el ESP32-S3 y el smartphone.

El ejemplo que se muestra a continuación implementa las siguientes funcionalidades:

- Servidor BLE basado en NimBLE.

- Servicio UART-like bidireccional.

- Gestión explícita de eventos GAP.

- Mecanismo de *advertising BLE*.

- Transmisión de datos mediante *notifications* y recepción mediante operaciones *write*.

Una vez programado el ESP32-S3, este comenzará a anunciarse por BLE bajo el nombre ESP32-S3. Desde una aplicación de terminal BLE instalada en el smartphone, el procedimiento de conexión es el siguiente:

- Abrir la aplicación de terminal serie BLE.

- En la pantalla inicial (ventana A) seleccionar el icono de configuración.

- En el apartado *Devices* (ventana B) ejecutar un escaneo BLE. Debería aparecer ESP32-S3.

- Manteniendo pulsado sobre el dispositivo detectado (ventana C) es posible observar los servicios disponibles.

- Tras aceptar la conexión (Check), se establece el enlace BLE (ventana D).

Una vez conectado y con el servicio activo, se dispone de comunicación bidireccional a través de una característica BLE con permisos de lectura, escritura y notificación (*Read / Write / Write Without Response / Notify*).

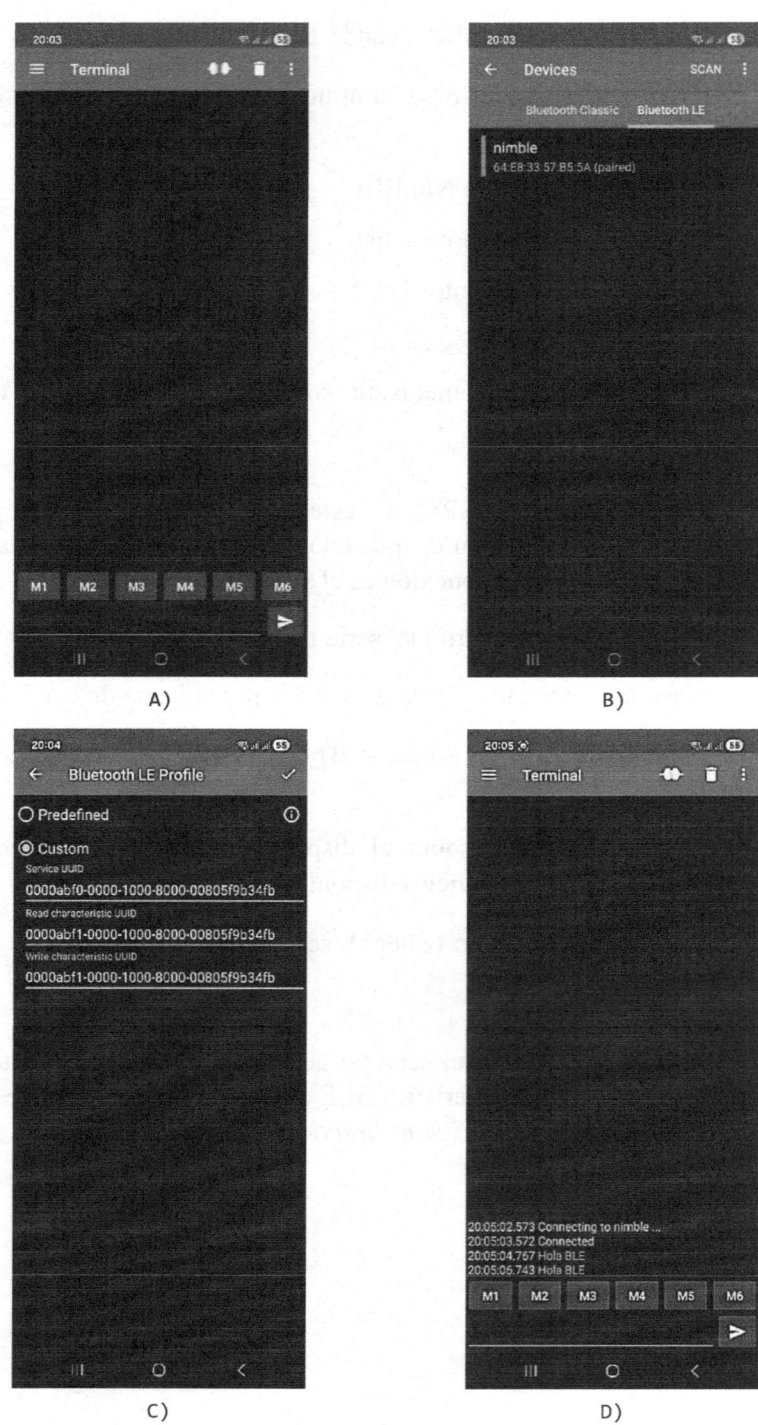

Imagen 58. Configuración BLE-Serie en el smartphone

A continuación, se muestra el código del servidor BLE minimalista para el ESP32-S3 basado en NimBLE.

```c
#include <stdio.h>
#include <string.h>

#include "nvs_flash.h"

#include "nimble/nimble_port.h"
#include "nimble/nimble_port_freertos.h"
#include "host/ble_hs.h"
#include "services/gap/ble_svc_gap.h"
#include "services/gatt/ble_svc_gatt.h"

// Declaración incluida en NimBLE (manejo de bonding y claves)
void ble_store_config_init(void);

// UUIDs del servicio tipo SPP
#define SPP_SVC_UUID  0xABF0      // Servicio
#define SPP_CHR_UUID  0xABF1      // Característica

static uint16_t conn_h    = BLE_HS_CONN_HANDLE_NONE; //Handle de conexión
activa.
static uint16_t chr_h     = 0;    //Handle de la caract. GATT
static bool     notify_en = false;
static uint8_t  own_addr_type;

//-------------------- Callback de RX ----------------------
static int chr_cb(uint16_t conn_handle,
                  uint16_t attr_handle,
                  struct ble_gatt_access_ctxt *ctxt,
                  void *arg)
{
    // filtra escrituras (WRITE / WRITE NO RSP).
    if (ctxt->op == BLE_GATT_ACCESS_OP_WRITE_CHR)
    {
        uint8_t buf[128];
        int len = ctxt->om->om_len;
        if (len > (int)sizeof(buf) - 1) len = sizeof(buf) - 1;

        ble_hs_mbuf_to_flat(ctxt->om, buf, len, NULL); //mbuf BLE -> buffer plano.
        buf[len] = 0;
```

```
        printf("RX: %s\n", (char *)buf); //imprime lo recibido por el smartphone
    }
    return 0;
}


//------------Definición del servicio GATT -----------------------------
static const struct ble_gatt_svc_def svcs[] = {
    {
        .type = BLE_GATT_SVC_TYPE_PRIMARY,
        .uuid = BLE_UUID16_DECLARE(SPP_SVC_UUID),
        .characteristics = (struct ble_gatt_chr_def[]) {
            {
                .uuid      = BLE_UUID16_DECLARE(SPP_CHR_UUID),
                .access_cb = chr_cb,
                .val_handle = &chr_h,
                .flags     = BLE_GATT_CHR_F_READ |
                             BLE_GATT_CHR_F_WRITE |
                             BLE_GATT_CHR_F_WRITE_NO_RSP |
                             BLE_GATT_CHR_F_NOTIFY,
            },
            {0}
        }
    },
    {0}
};


//-------------------- GAP events -----------------------------------------
static int gap_cb(struct ble_gap_event *e, void *arg)
{
    switch (e->type) {

    case BLE_GAP_EVENT_CONNECT:          // CONEXION
        if (e->connect.status == 0)
        {
            conn_h = e->connect.conn_handle;
            printf("Conectado, handle=%d\n", conn_h);
        } else {
            printf("Fallo de conexión, reintentando...\n");
            conn_h = BLE_HS_CONN_HANDLE_NONE;
```

```
            struct ble_gap_adv_params adv = {0};
            adv.conn_mode = BLE_GAP_CONN_MODE_UND;
            adv.disc_mode = BLE_GAP_DISC_MODE_GEN;

            ble_gap_adv_start(own_addr_type, NULL, BLE_HS_FOREVER,
                            &adv, gap_cb, NULL);
        }
        break;

    case BLE_GAP_EVENT_DISCONNECT:        // DESCONEXION
        printf("Desconectado\n");
        conn_h = BLE_HS_CONN_HANDLE_NONE;
        notify_en = false;

        struct ble_gap_adv_params adv = {0};
        adv.conn_mode = BLE_GAP_CONN_MODE_UND;
        adv.disc_mode = BLE_GAP_DISC_MODE_GEN;

        ble_gap_adv_start(own_addr_type, NULL, BLE_HS_FOREVER,
                        &adv, gap_cb, NULL);
        break;

    case BLE_GAP_EVENT_SUBSCRIBE:         // SUSCRIPCIÓN A NOTIFY
        notify_en = e->subscribe.cur_notify;
        printf("Notify=%d\n", notify_en);
        break;

    default:
        break;
    }

    return 0;
}

//------------------------- Advertising --------------------------
static void adv_start(void)
{
    struct ble_hs_adv_fields f = {0};
    f.flags = BLE_HS_ADV_F_DISC_GEN |        // visible por otros
            BLE_HS_ADV_F_BREDR_UNSUP;      // solo BLE (no Bluetooth classic)
```

```
    const char *name = "ESP32-S3";           // nombre del dispositivo
    f.name = (uint8_t *)name;
    f.name_len = strlen(name);
    f.name_is_complete = 1;


    /*Nombre que se va a ver*/
    f.uuids16 = (ble_uuid16_t[]) { BLE_UUID16_INIT(SPP_SVC_UUID) };


    f.num_uuids16 = 1;


    ble_gap_adv_set_fields(&f);


    struct ble_gap_adv_params adv = {0};
    adv.conn_mode = BLE_GAP_CONN_MODE_UND;
    adv.disc_mode = BLE_GAP_DISC_MODE_GEN;


    ble_gap_adv_start(own_addr_type, NULL,    // inicia advertising
                    BLE_HS_FOREVER,
                    &adv, gap_cb, NULL);


    printf("Advertising iniciado\n");
}

//-----------Sincronización del Host BLE --------------------------
static void on_sync(void)
{
    ble_hs_id_infer_auto(0, &own_addr_type);
    adv_start();
}


//-------------------- Tarea NimBLE ---------------------------------
static void host_task(void *param)
{
    nimble_port_run();
    nimble_port_freertos_deinit();
}
//-------------------- Envío de datos TX ----------------------
static void send_spp(const char *msg)
{
    if (!notify_en || conn_h == BLE_HS_CONN_HANDLE_NONE) return;
```

```
    struct os_mbuf *om = ble_hs_mbuf_from_flat(msg, strlen(msg));
    if (!om) return;

    ble_gatts_notify_custom(conn_h, chr_h, om);
}
/*-------------------- MAIN --------------------*/
void app_main(void)
{
    nvs_flash_init();           // inicializa memoria
    nimble_port_init();          // inicializa nimble

    // configura el host BLE
    ble_hs_cfg.sync_cb         = on_sync;
    ble_hs_cfg.reset_cb        = NULL;
    ble_hs_cfg.store_status_cb = ble_store_util_status_rr;

    // Servicios estándar
    ble_svc_gap_init();
    ble_svc_gatt_init();

    // Registra el servicio SPP
    ble_gatts_count_cfg(svcs);
    ble_gatts_add_svcs(svcs);

    // Almacena claves
    ble_store_config_init();

    // arranca NimBLE
    nimble_port_freertos_init(host_task);

    while (1)
    {
        // cada dos segundos envía un mensaje si hay cliente suscrito
        send_spp("Hola BLE\n");
        vTaskDelay(pdMS_TO_TICKS(2000));
    }
}
```

22

BUENAS PRÁCTICAS DE PROGRAMACIÓN EMBEBIDA

En los capítulos anteriores se han presentado los periféricos fundamentales del ESP32-S3 y se han mostrado ejemplos prácticos de programación con ESP-IDF. Cuando una aplicación empieza a integrar varios periféricos, gestionar comunicaciones y ejecutar lógica compleja, surge la necesidad de estructurar el programa de forma que sea robusto, mantenible y determinista.

Antes de escribir una sola línea de código, conviene comenzar por el *hardware*:

- Dibuja un esquema eléctrico con todos los componentes externos.

- Ten en cuenta que algunas GPIO comparten funcionalidad, asegúrate de que el recurso está libre para su uso.

- Habilita siempre el *pull-up/pull-down* interno de las entradas digitales cuando sea necesario.

- Conecta todas las masas entre sí.

- Verifica que no se superan los límites operativos (corriente, tensión, potencia, temperatura).

- Comprueba el consumo total y los niveles lógicos.

- Añade protecciones si es necesario (resistencias, potenciómetros, divisores de tensión, diodos, filtros, etcétera).

Un diseño de software correcto **no compensa** un diseño hardware deficiente.

La arquitectura del programa depende de la complejidad de la aplicación, de la necesidad de responder a eventos externos y de las restricciones impuestas por el hardware (por ejemplo, buses compartidos). En este capítulo se recogen recomendaciones derivadas de la experiencia práctica en sistemas embebidos reales.

22.1 ARQUITECTURA DEL PROGRAMA

Arquitectura secuencial simple

Si la aplicación únicamente lee datos del exterior, los procesa y genera salidas, sin eventos externos ni requisitos temporales estrictos, el programa puede implementarse de forma secuencial en el bucle principal:

```
While(1)
{
    Lee_Datos_Exterior( );
    Procesa_Datos( );
    Genera_Salidas( );
}
```

Las tareas deben estar claramente diferenciadas (entrada, salida, supervisión, diagnóstico, acceso a memoria, procesado).

Si el flujo requiere gestionar distintos modos de operación, conviene añadir una máquina de estados mediante un *switch–case*. Cada estado se implementa como un caso dentro del *switch*, y las transiciones se controlan mediante variables o condiciones lógicas.

En aplicaciones donde conviven tareas de comunicación (Wi-Fi o BLE) con lógica de control, es fundamental separar claramente:

- Código determinista (control, temporización, estados).
- Código no determinista (comunicaciones, protocolos, red).

Las tareas de comunicación normalmente no son tiempo real y pueden ejecutarse con menor prioridad.

Arquitectura basada en eventos de tiempo real

Cuando la aplicación debe atender interrupciones por entradas digitales, temporizaciones periódicas, comunicaciones entrantes y salientes u otros eventos asíncronos, una arquitectura muy común consiste en usar ISR muy breves que únicamente establecen *flags*, y un bucle principal que procesa esos eventos. En estos casos, se recomienda también el uso de colas y/o semáforos. Se pueden considerar las siguientes reglas esenciales para las ISR:

- No ejecutar código bloqueante (por ejemplo, no usar *printf*).

- No usar bucles *while* para esperar un *flag*, incluye *timeouts* para esperar un tiempo máximo.

- Mantener la ISR lo más corta posible.

- No usar memoria dinámica (*malloc, calloc y free*) dentro de la ISR.

- Cualquier operación lenta, con logs o que requiera mucha memoria debe trasladarse al bucle principal o a una tarea.

Por ejemplo:

```
ISR_Timer
{
    // Tareas Básicas rutinarias NO bloqueantes
Flag_evento_T = true;
}
//------------------
ISR_Eventos_Externos
{
    Flag_evento_Externo = true;
}
//------------------
main_app()
{
    While(1)
    {
        if (Flag_evento_T)
        {
            Flag_evento_T = false;
            Lee_Datos_Exterior();
            Procesa_Datos();
            Gestiona_Maquina_Estados();
            Genera_Salidas();
        }
        if (Flag_evento_Externo)
```

```
    {
        Flag_evento_Externo = false;
        Gestiona_Evento_Externo();
    }
    delay ( ) <- Nunca 💀💀💀
  }
}
```

Todo el procesamiento asociado a un evento periódico debe finalizar antes de la siguiente interrupción. De lo contrario, el sistema pierde eventos y aparece jitter.

El uso de delay( ) en sistemas con requisitos temporales rompe el determinismo y debe evitarse sistemáticamente. Los temporizadores ofrecen una solución precisa y controlable.

Arquitectura avanzada

Cuando la aplicación crece en tamaño, complejidad o número de desarrolladores, las arquitecturas anteriores dejan de ser escalables.

Si existen:

▶ Múltiples tareas concurrentes.
▶ Requisitos temporales estrictos.
▶ Acceso compartido a recursos.
▶ Necesidad de aislamiento funcional.

El uso de un sistema operativo de tiempo real no es opcional.

El ESP32-S3 integra FreeRTOS de forma nativa dentro de ESP-IDF. Su uso adecuado permite estructurar sistemas complejos de forma segura y mantenible. Esta arquitectura se desarrollará en los capítulos siguientes.

22.2 DATOS, PERIFÉRICOS Y DETECCIÓN DE ERRORES

Datos y uso de memoria

Reglas generales sobre memoria:

▶ Inicializa siempre las variables.

▶ La memoria dinámica (*malloc*, *free*) debe evitarse siempre que sea posible. Si es necesaria, se debe liberar tras su uso y controlar errores.

▶ Los microcontroladores modernos pueden usar coma flotante sin problemas. El ESP32-S3 concretamente tiene soporte para *hardware* de coma flotante (FPU), pero cuando se requieren tiempos de ejecución muy estrictos o un determinismo ciclo a ciclo, es preferible usar coma fija. Aunque la programación es más laboriosa, se obtienen menores tiempos de ejecución, mayor repetibilidad temporal y menor *jitter.*

▶ Evita los tipos de precisión doble como (*double*), ya que el procesador los gestiona por *software,* incrementando notablemente el tiempo de procesado. En la mayoría de los casos, el tipo float es suficiente.

▶ Los punteros no son intrínsecamente peligrosos; un uso correcto puede mejorar notablemente la gestión de memoria y reducir la necesidad de variables globales. No obstante, en algunas aplicaciones su uso debe estar muy controlado, ya que pueden dar lugar a errores críticos.

▶ La programación se hace normalmente con lenguaje C, aunque C++ también es posible. En caso de usar C++, limita el uso de recursos que no aseguren determinismo temporal.

▶ Evita el uso de funciones recursivas. Siempre se podrán substituir por bucles *for* o *while* con terminación forzada (*break*). El riesgo principal es quedarte sin memoria en la pila.

▶ En una ISR o código crítico, ubicar funciones en IRAM mejora el rendimiento, teniendo en cuenta que esta memoria es limitada.

▶ Las variables que sean utilizadas dentro y fuera de ISR deben ser de tipo *volatile.*

▶ Es recomendable incluir rutinas de comprobación de memoria al inicio del programa para detectar zonas de memoria corruptas (*checksums*, test de RAM).

▶ Se aconseja empaquetar en *drivers*, bibliotecas o módulos las funciones relacionadas, especialmente en proyectos de tamaño medio o grande.

▶ Cada funcionalidad debe encapsularse en funciones claras y breves. Si una función supera ~300 líneas, debe dividirse en subfunciones específicas.

▶ Si el *software* es crítico, protege el acceso a la memoria Flash.

▶ Comenta el código que uses.

▶ Activa la memoria PSRAM sólo si la necesitas.

Periféricos

Los recursos son limitados. En particular:

▶ Si es necesario temporizar varias tareas, usa un solo *timer* con la mayor frecuencia común y ejecuta las tareas más lentas en múltiplos del *tick* rápido.

▶ Centraliza el acceso a buses compartidos.

▶ Incluye secuencias de verificación al inicio (por ejemplo, encender brevemente todos los LED para comprobar su funcionamiento).

▶ Si un periférico requiere acceso exclusivo a un bus (SPI, I2C), centraliza el acceso en un módulo o tarea dedicada.

▶ Incluye modos de bajo consumo cuando sea posible desde el inicio.

▶ Añade *watchdog* en caso de sistemas remotos o de difícil acceso.

Uso correcto de ESP_ERROR_CHECK

Muchas funciones de ESP-IDF devuelven un esp_err_t. Ignorar este valor puede ocultar fallos y provocar comportamientos erráticos.

La macro ESP_ERROR_CHECK(expr) evalúa la expresión y, si el resultado no es ESP_OK, imprime un mensaje de error.

Es recomendable usarlo en:

▶ Inicialización de periféricos (I2C, UART, ADC, Wi-Fi, BLE…).

▶ Configuración de *timers*, colas, semáforos y mutex.

▶ Montaje de sistemas de archivos y particiones.

▶ Configuración del *stack* de red.

Por ejemplo:

```
if (. . .)
{
    ESP_ERROR_CHECK(nvs_flash_erase());
    err = nvs_flash_init();
}
```

O también en:

```
ESP_ERROR_CHECK(nvs_flash_init());
ESP_ERROR_CHECK(esp_netif_init());
ESP_ERROR_CHECK(esp_event_loop_create_default());
ESP_ERROR_CHECK(example_connect());
```

Uso de LOGS

El sistema de *logging* de ESP-IDF permite controlar la *verbosidad* de la salida. Un uso adecuado de los distintos niveles de log facilita la depuración durante el desarrollo y reduce el ruido en producción.

Dispone de cinco niveles:

```
ESP_LOGE para errores.
ESP_LOGW para advertencias.
ESP_LOGI para información.
ESP_LOGD para depuración.
ESP_LOGV para mensajes muy detallados.
```

> ### ⓘ Nota
>
> En este libro se ha prescindido del uso explícito de ESP_ERROR_CHECK y del sistema de logs por claridad en los ejemplos, pero su uso es altamente recomendable en proyectos reales.

La aplicación sistemática de estas buenas prácticas no constituye un paso adicional, sino la base sobre la que se construyen sistemas embebidos fiables. Un diseño hardware claro, una arquitectura de software adecuada a la complejidad del problema (desde un simple *while(1)* hasta un sistema multitarea con RTOS), una gestión rigurosa de los recursos limitados y el uso correcto de las herramientas de diagnóstico distinguen un prototipo funcional de un producto robusto.

PARTE III

FREERTOS

23

FREERTOS. TAREAS

FreeRTOS es un sistema operativo de tiempo real que originalmente fue creado por *Real Time Engineers Ltd*. Amazon lo adoptó para AWS IoT. No es el único (RTOS, *Real Time Operating System*) disponible, otros ejemplos son VxWorks, QNX y Nucleus.

En los capítulos anteriores se han implementado aplicaciones que se ejecutan de forma secuencial, también conocido como ejecución Round-Robin (1) o secuencial con interrupciones (2). En el primer caso, las tareas se ejecutan de forma cíclica dentro de un bucle infinito en main_app( ), una detrás de otra, repitiéndose indefinidamente.

Las limitaciones son claras, ya que hasta que no se han ejecutado todas las tareas precedentes 1...k-1 la tarea k no se inicia. Si en esta tarea k se actualizan entradas, salidas o procesos internos críticos se pueden producir retrasos excesivos que afecten al funcionamiento de la aplicación.

Como alternativa, se comprobó que se podía mejorar el flujo del proceso a través del uso de interrupciones. Con las interrupciones se puede redirigir la ejecución del programa hacia las rutinas de atención a la interrupción (ISR) que gestionan el evento de forma inmediata, minimizando los retrasos del bucle principal. Ambos enfoques son válidos para sistemas simples o de pequeña-mediana dificultad, pero tienen desventajas cuando se trata de sistemas de complejidad media o grande.

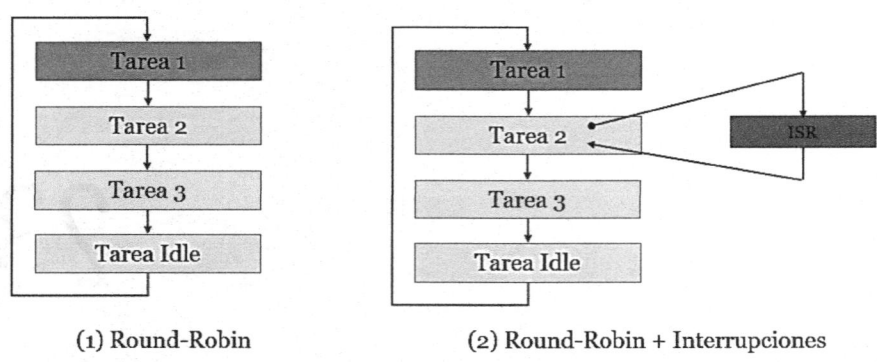

(1) Round-Robin   (2) Round-Robin + Interrupciones

Imagen 59. Round-Robin y Round-Robin con Interrupciones

En caso de aplicaciones complejas, es más adecuado utilizar un sistema operativo que facilite la coordinación entre las tareas. El procesador, en caso de que solo haya uno, seguirá ejecutando las tareas de una en una, pero el sistema operativo permitirá manejar su gestión como si estuvieran trabajando de forma paralela. Si además el microcontrolador dispone de varios núcleos, la ventaja es aún mayor, ya que se podrá distribuir la carga entre ellos.

La división del programa en tareas también ayudará a distribuir mejor el desarrollo entre distintos programadores y facilitar la depuración del código. Como desventaja, exigirá un esfuerzo adicional para verificar que la coordinación entre tareas se realiza de forma adecuada.

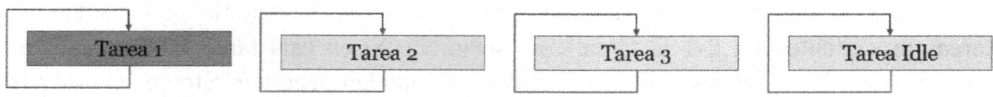

Imagen 60. Tareas Concurrentes en FreeRTOS

Los RTOS presentan una serie de particularidades que los diferencian de los sistemas operativos de propósito general. Algunas de las características de FreeRTOS:

▶ Más liviano que un SO de propósito general.
▶ Multitarea.
▶ Planificable (*Scheduling*).
▶ Rapidez (Determinismo).
▶ Código abierto.

FreeRTOS es uno de los RTOS más utilizados en dispositivos IoT.

23.1 INTRODUCCIÓN

Las tareas son la unidad básica de ejecución en un RTOS. Una tarea puede estar en uno de los siguientes estados:

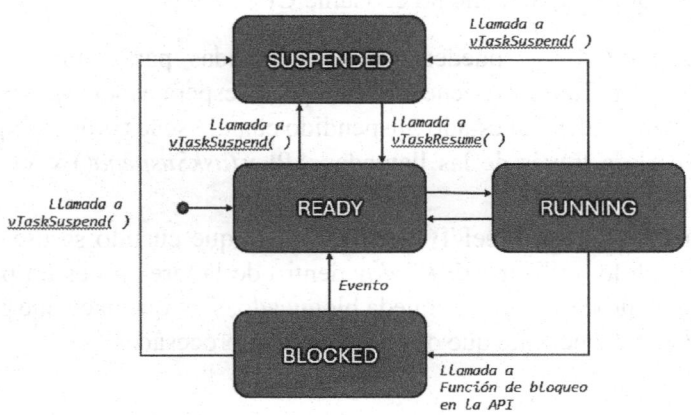

Imagen 61. Transición de estados entre tareas

▼ **Running**: la tarea está utilizando el procesador. Si el procesador solo tiene un núcleo, entonces solo puede haber una tarea en el estado *Running* de forma simultánea.

▼ **Ready**: las tareas preparadas son aquellas que están listas para ejecutarse (no están en estado Bloqueado o Suspendido), pero no están ejecutándose actualmente ya que otra tarea de igual o mayor prioridad está en el estado Running ocupando el procesador.

ⓘ Nota

El *scheduler* decide qué tarea pasa de "*Ready*" a "*Running*" o viceversa (basado en prioridad o de forma secuencial, Round-Robin, si tienen igual prioridad).

▼ **Blocked**: cuando la tarea está esperando un **evento temporal**, por ejemplo, cuando en una tarea se llama a *vTaskDelay(),* la tarea pasa al estado bloqueado, hasta que expire el *delay* o cuando está esperando un **evento externo**, por ejemplo, cuando la tarea se bloquea a la espera de recibir datos que están en una cola o un semáforo.

La ventaja de las tareas que están en el estado *Blocked* es que no usan tiempo de procesamiento. Las tareas en este estado no pueden ser seleccionadas para entrar en el estado Running.

Un error conceptual habitual es pensar que una tarea 'existe' solo cuando se ejecuta. En realidad, una tarea bloqueada es una tarea perfectamente sana que simplemente no consume CPU.

▶ **Suspended**: no pueden ser seleccionadas para entrar en el estado *Running*. Tampoco tienen un tiempo de espera asociado. Las tareas solo entran o salen del estado Suspendido cuando se les ordena explícitamente hacerlo a través de las llamadas API *vTaskSuspend*() y *xTaskResume*() respectivamente.

Cuando se usa FreeRTOS, al contrario que cuando se usa un *software* monohilo, utilizar *vTaskDelay* dentro de la tarea no es un problema, ya que el procesador no se queda bloqueado, sino que hace que pase a estado *Blocked* y permite que otras tareas sean procesadas.

23.2 CREANDO TAREAS EN FREERTOS

Hay cuatro formas de crear una tarea:

```
xTaskCreate();
xTaskCreateStatic();
xTaskCreatePinnedToCore();
xTaskCreateStaticPinnedToCore();
```

Para crear la tarea con asignación dinámica de memoria se usa xTaskCreate(). En primer lugar, hay que definir el tamaño de la pila que se va a asignar y un *handler* la tarea:

```
#define STACK_SIZE   2*1024        //1kByte es el tamaño mínimo de la pila
TaskHandle_t xHandle = NULL;
```

Y a continuación se registra la tarea:

```
xTaskCreate( vTaskCode,          //nombre de la tarea
             "NAME",             //Etiqueta para identificar la tarea
             STACK_SIZE,         //Tamaño de la pila
             &ucParToPass,       //puntero a los parámetros pasados
             tskIDLE_PRIORITY,   //entero con la prioridad
             &xHandle );         //handler
```

La tarea se crea en app_main(), antes de la ejecución del bucle infinito del main. La prioridad se determina con el número entero tskIDLE_PRIORITY. **A mayor valor, más prioridad.**

ⓘ Notas

1. Es importante no confundir prioridad con bloqueo. Una tarea, aunque sea de prioridad alta también se bloqueará periódicamente, bien por tiempo o bien por mecanismo de sincronización. Una tarea de alta prioridad que nunca se bloquea impedirá la ejecución del resto del sistema ya que acapara toda la CPU para ellas solas.

2. Internamente, dentro de la implementación de FreeRTOS, las tareas utilizan dos bloques de memoria. El primer bloque se usa para almacenar las estructuras de datos de la tarea. El segundo bloque es utilizado por la tarea como su pila (*stack*). Si una tarea se crea usando xTaskCreate(), ambos bloques de memoria se asignan automáticamente de manera dinámica dentro de la función xTaskCreate().

Creando la tarea vTaskCode:

```
void vTaskCode( void * pvParameters ){
    while(1)  {
    //contenido de la tarea
     . . .
    //suspensión de la tarea
     vTaskDelay(…)
  }
  }
```

En caso de procesadores multinúcleo, se puede asignar cada tarea a un núcleo concreto por medio de esta inicialización:

```
xTaskCreatePinnedToCore( vTaskCode,    //nombre de la tarea
           "NAME",              //Etiqueta
           STACK_SIZE,          //Tamaño de la pila
           &ucParToPass,        //puntero a los parámetros //pasados
           tskIDLE_PRIORITY,    //entero
           &xHandle,            //handler
           xCoreID );           //core [0|1] en caso de ESP32-S3
```

> ### ⓘ Notas
>
> 1. En el *menuconfig* será posible habilitar uno o dos núcleos.
> 2. Fijar tareas a un núcleo debe hacerse solo cuando existe una razón técnica clara (latencia, periférico compartido, afinidad). En la mayoría de los casos, dejar que el *scheduler* decida es la mejor opción. Por motivos didácticos, en este libro solo se utilizará un núcleo.

Si es necesario un control estricto de la memoria, se puede crear la tarea como estática:

```
StackType_t xStack[ STACK_SIZE ];
xTaskCreateStatic( vTaskCode,        //nombre de la tarea
            "NAME",                  //Etiqueta
            STACK_SIZE,              //Tamaño de la pila
            &ucParToPass,            //puntero a los parámetros pasados
            tskIDLE_PRIORITY,        //entero
            xStack,                  //Array stack de la tarea
            &xTaskBuffer );          //Array stack de la estructura de datos
```

También se puede crear estática y asignarla a un núcleo en concreto con:

```
xTaskCreateStaticPinnedToCore.
```

Para sistemas con MPU (*memory protection unit*) se deberá crear la tarea mediante:

```
xTaskCreateRestricted,
```

Y para sistemas con MPU y en memoria estática:

```
xTaskCreateRestrictedStatic
```

Si bien vTaskDelay proporciona un método para bloquear la ejecución de una tarea, puede hacer que la ejecución no cumpla los tiempos ya que acumula los retrasos de otras tareas más prioritarias. Por ello, es mejor utilizar la función xTaskDelayUntil que toma en consideración el tiempo real efectivo que queda pendiente hasta que el tiempo de espera haya expirado.

> ### ⓘ Notas
>
> 1. Toda tarea periódica estricta debe usar **xTaskDelayUntil**.
> 2. *portTICK_PERIOD_MS* convierte milisegundos en *ticks* de reloj y se puede usar indistintamente junto con la macro *pdMS_TO_TICKS*. Es decir, estas dos formas de bloquear una tarea 50 ms son equivalentes y ampliamente utilizadas en ejemplos:

```
vTaskDelay(50/portTICK_PERIOD_MS);
vTaskDelay(pdMS_TO_TICKS(50));
```

Ejemplo de bloqueo temporal estricto:

```
void vTaskFunction( void * pvParameters )
{
    TickType_t    xLastWakeTime;
    TickType_t    xDelayTicks = 50/portTICK_PERIOD_MS;  //periodicidad = 50ms.
    BaseType_t    xWasDelayed;

    // Initialise the xLastWakeTime variable with the current time.
    xLastWakeTime = xTaskGetTickCount ();
    while(1)
    {
        // ejecución de la tarea

        // retraso, teniendo en cuenta sólo el tiempo de espera efectivo
        // xWasDelayed para saber si la ejecución sufrió retraso
        xWasDelayed = xTaskDelayUntil(&xLastWakeTime, xDelayTicks);
    }
}
```

Otras funciones importantes:

Para establecer la prioridad de una tarea de forma dinámica:

```
void vTaskPrioritySet( TaskHandle_t xTask, UBaseType_t uxNewPriority );
```

Para tomar el handle de la tarea:

```
void vTaskGetHandle("nombre_tarea");
```

Para suspender una tarea:

```
void vTaskSuspend( TaskHandle_t xTaskToSuspend );
```

Para eliminar una tarea:

```
void vTaskDelete( TaskHandle_t xTaskToSuspend );
```

Para reactivar una tarea:

```
void vTaskResume( TaskHandle_t xTaskToResume );
```

Para saber el estado de una tarea:

```
int eTaskGetState(TaskHandle_t xTask);
    0: READY,
    1: RUNNING,
    2: BLOCKED,
    3: SUSPENDED,
    4: DELETED
```

> **ⓘ Nota**
>
> App_main también es una tarea, por lo tanto, habrá que añadir un *vTaskDelay* para que libere la CPU. Sin embargo, no debe usarse como bucle principal de la aplicación salvo en ejemplos simples.

Un esqueleto de aplicación en la que hay una sola tarea y la de main_app podría ser el siguiente:

```c
#include <stdio.h>
#include "freertos/FreeRTOS.h"
#include "freertos/task.h"
#include "driver/gpio.h"

#define STACK_SIZE 2*1024       //1kByte es el tamaño mínimo de la pila

volatile int state = 0;
//-----------------------------------------------------------
void myTaskCode( void * pvParameters )
{
    //periodicidad = 50ms.

    while(1)
    {
      //contenido de la tarea
      ...
      //pasa a bloqueo
      vTaskDelay(50/portTICK_PERIOD_MS);
    }
}
//-----------------------------------------------------------
void app_main(void)
{
    TaskHandle_t xHandle = NULL;        //Handler a la tarea
    int ucParToPass = 0;        //dummy

    //Crear la tarea
    xTaskCreate(myTaskCode,
                "MyTask",
                STACK_SIZE,
                &ucParToPass,
```

```
                    1,
                    &xHandle);

        while (1)
        {
            // app_main actúa como tarea inicial.
            // Hay que añadir un delay aunque no haga ninguna acción dentro de main.
            // app_main es una tarea también en FreeRTOS
            ...
            vTaskDelay(10/portTICK_PERIOD_MS);
        }
    }
```

Ejemplo 28. Tareas en FreeRTOS.

Configurar la operación en *menuconfig* con un solo núcleo.

El siguiente ejemplo crea dos tareas myTask1 que se ejecuta cada 100 ms y myTask2 que se ejecuta cada 250 ms, además de la tarea de app_main que se ejecuta cada 100 ms. En myTask1 se cambia el estado del LED conectado en GPIO4 y en myTask2 se cambia el estado de GPIO6. Cuando se pulsa BOOT por primera vez, se suspende la tarea myTask2. Si se vuelve a pulsar, se reanuda transcurridos 300 ms.

```c
#include <stdio.h>
#include "freertos/FreeRTOS.h"
#include "freertos/task.h"
#include "driver/gpio.h"


#define GPIO_OUTPUT_IO_0    4       //GPIO 4 - salida 1
#define GPIO_OUTPUT_IO_1    6       //GPIO 6 - salida 2
#define PULSADOR            0       //GPIO 0 - entrada digital

#define STACK_SIZE 2*1024       //1kByte es el tamaño mínimo de la pila


volatile int state = 0;


/************************************************************************* */
void myTask1( void * pvParameters )
{
    int state_led = 0;
    const TickType_t xDelayTicks = 100/portTICK_PERIOD_MS;  //period. = 100ms.


    while(1)
```

```
    {
        //contenido de la tarea
        gpio_set_level(GPIO_OUTPUT_IO_1,state_led);
        state_led = !state_led;

        //pasamos la tarea a bloqueo
        vTaskDelay(xDelayTicks);
        //Tarea Despierta...
    }
}
//------------------------------------------------------------
void myTask2( void * pvParameters )
{
    int state_led = 0;
    const TickType_t xDelayTicks = 250/portTICK_PERIOD_MS;  //period. = 250ms

    while(1)
    {
        //ejecución de la tarea
        gpio_set_level(GPIO_OUTPUT_IO_0,state_led);
        state_led = !state_led;

        //pasamos la tarea a bloqueo
        vTaskDelay (xDelayTicks);
        //Tarea Despierta...
    }
}


//------------------------------------------------------------
void app_main(void)
{
    /************* Config GPIO **************/
    gpio_set_direction(GPIO_OUTPUT_IO_0,GPIO_MODE_OUTPUT) ;  //GPIO_OUTPUT_IO_0
    gpio_set_direction(GPIO_OUTPUT_IO_1,GPIO_MODE_OUTPUT) ;  //GPIO_OUTPUT_IO_1

    gpio_config_t io_conf = {
        .pin_bit_mask = 1ULL << PULSADOR,
        .mode         = GPIO_MODE_INPUT,
        .pull_up_en   = true,                //pull-up habilitada
        .pull_down_en = false,               //pull-down deshabilitada
    };
    gpio_config(&io_conf);
```

```
//Handlers a tareas
TaskHandle_t xHandle1 = NULL;     //Handler a la tarea1
TaskHandle_t xHandle2 = NULL;     //Handler a la tarea2

int ucParamToPass = 0;            //dummy

//Crear la tarea
xTaskCreate(myTask1, "MyTask_1", STACK_SIZE, &ucParamToPass, 1, &xHandle1);
xTaskCreate(myTask2, "MyTask_2", STACK_SIZE, &ucParamToPass, 1, &xHandle2);

int my_puls     = 1;
int my_puls_old = 0;

while (1)
{
    my_puls = gpio_get_level(PULSADOR);          //coge estado BOOT

    int estado_tarea = eTaskGetState(xHandle2);
    printf("Estado tarea = %d\n",estado_tarea);

    if ((my_puls!=my_puls_old)&&(my_puls==0))    // flancos de bajada
    {
        if (estado_tarea==2)
        {
            vTaskSuspend(xHandle2);                       //suspende la tarea
            printf("Tarea 2 suspendida\n");
        }

        if (estado_tarea==3)
        {
            vTaskDelay(300/portTICK_PERIOD_MS);
            vTaskResume(xHandle2);                        //reanuda la tarea
            printf("Tarea 2 reanudada\n");
        }
    }
    my_puls_old = my_puls;

    //Tarea bloqueada
    vTaskDelay(100/portTICK_PERIOD_MS);
    //Tarea despierta...

}
}
```

En los siguientes capítulos se profundizará en los mecanismos de sincronización y comunicación entre tareas, que constituyen el verdadero núcleo de FreeRTOS.

23.3 EJERCICIOS

Configura el entorno de desarrollo para que la aplicación se ejecute en un solo núcleo. La velocidad de la CPU = 80 MHz. Configura el periodo mínimo de *tick* de sistema (tiempo mínimo de *time-slice*) a 1000 Hz o 1 ms.

▶ Escribe una aplicación basada en FreeRTOS para ESP32-S3 con las siguientes características. La aplicación consta de tres tareas A, B y C.

- Tarea A: hace parpadear dos LED, uno a una frecuencia de 10 Hz y otro 15 Hz. Definir explícitamente la periodicidad de esta tarea.

- Tarea B: se ejecuta cada 100 ms, adquiere una muestra del ADC asociado al GPIO5 y calcula la media con el valor anterior. El valor promediado se imprime por el terminal serie.

- Tarea C: al pulsar el botón BOOT, suspende las tareas A y B. Transcurridos 2 s, se reanuda automáticamente la tarea A y, 2 s más tarde, la tarea B.

▶ Escribe una aplicación basada en FreeRTOS con las siguientes características. La aplicación consta de tres tareas: A, B y C.

- Tarea A: hace parpadear un LED externo con una frecuencia variable, comenzando en 10 Hz. En cada pulsación del botón BOOT, la frecuencia de parpadeo se divide entre dos. Cuando la frecuencia alcanza 0,1 Hz, se reinicia a 10 Hz. (10 Hz → 5 Hz → 2,5 Hz → 1,25 Hz → 0,63 Hz → 10 Hz).

- Tarea B: cada 0,5 s, cambia el color del LED inteligente siguiendo la secuencia: R → G → B → R → G, etc.

- Tarea C: imprime por el terminal serie, cada 0,1 s, el color actual del LED inteligente y la frecuencia de parpadeo del LED externo.

24

COLAS, MUTEX Y SEMÁFOROS

En este capítulo se van a tratar las colas, los mutex y los semáforos en FreeRTOS:

Cola → paso de datos.
Mutex → exclusión mutua.
Semáforo → sincronización.

24.1 COLAS EN FREERTOS

Las colas de mensajes (*queues*) sirven para comunicar tareas entre sí. Permiten el envío ordenado de datos de una tarea a otra cuando las tareas no se ejecutan de forma síncrona, es decir, cuando las tareas tienen distinta cadencia. Para que la comunicación sea posible y la cola no se desborde, se debe cumplir que la tarea que consume los datos sea capaz de procesarlos más rápidamente que la tarea que los produce. Las colas tienen un tamaño máximo que no se debe exceder, es decir, no deben producirse más datos de los que se consumen.

La cola se puede entender como un arreglo o vector FIFO. Pueden ser de cualquier tipo de datos: enteros, cadenas de caracteres, estructuras de datos, etc.

Una aplicación típica de las colas es en el procesamiento de datos leídos de puertos de entrada, por ejemplo, del ADC.

Tarea 1 (lee ADC) > COLA > Tarea 2 (Procesa)

Imagen 62. Procesamiento de medidas a través de cola

Para crear una cola, en primer lugar, hay que incluir la biblioteca *queue.h* y declarar un *handler* de tipo cola:

```
#include "freertos/queue.h"
QueueHandle_t HandlerCola = NULL;
```

A continuación, se inicializa la cola con la macro *xQueueCreate*:

```
uint32_t my_dato = 0;
HandlerCola = xQueueCreate (N, sizeof(uint32_t));
```

N indica el número máximo de elementos que puede almacenar la cola.

Desde la tarea productora, se insertan nuevos elementos en la cola:

```
if (!xQueueSend(HandlerCola,&my_dato, pdMS_TO_TICKS(10)))
{
  printf("Error en el envío de la cola\n");
}
```

El tercer argumento de la macro *xQueueSend* permite definir un tiempo de espera hasta el envío de un nuevo dato. Es conveniente comprobar que ha sido posible entregar un dato a la cola para poder gestionar los errores correctamente.

Desde la tarea consumidora, se lee de la cola un nuevo dato:

```
int valor_recibido = 0;
while (xQueueReceive(HandlerCola, &valor_recibido,0))
{
   printf("Se ha recibido %d\n",valor_recibido);
}
```

El tercer argumento define el tiempo máximo de espera para recibir el dato.

> **ⓘ Nota**
>
> La tarea que recibe debe ser capaz de procesar los datos de la cola, de lo contrario, esta se llenará y se producirán fallos.

Se presenta a continuación el esqueleto de una aplicación donde se hace uso de una cola para intercambiar información entre dos tareas:

```
#include <stdio.h>
#include "freertos/FreeRTOS.h"
```

```
#include "freertos/task.h"
#include "driver/gpio.h"
#include "freertos/queue.h"

#define STACK_SIZE   2*1024
#define N                  256    //tamaño de la cola

QueueHandle_t HandlerCola = NULL;

//----Tarea que pone datos en la cola------------------
void vTaskCode1( void * pvParameters )
{
    while(1)
    {
        vTaskDelay (T1/portTICK_PERIOD_MS);      //Tarea bloqueada
        //Tarea despierta

        //generar dato, p. ej del ADC, de comunicación, etc
        uint32_t dato = foo();    //foo es una función ficticia

        if (!xQueueSend(HandlerCola, &dato, pdMS_TO_TICKS(10)))
            printf("Error en el envío de la cola\n");
    }
}


//----Tarea que toma datos en la cola -----------------
void vTaskCode2( void * pvParameters )
{
    while(1)
    {
        vTaskDelay(100/portTICK_PERIOD_MS);           //Tarea bloqueada
        //Tarea despierta

        uint32_t valor_recibido = 0;
        while (xQueueReceive(HandlerCola, &valor_recibido,0))
        {
            //… Procesa el dato recibido
        }
    }
}
```

```
//-----app_main-------------------------------------------------------------
int ucParToPass = 0;     //dummy
void app_main(void)
{
    TaskHandle_t xHandle1,xHandle2 = NULL;     //Handler a las tareas

    //crea tareas
    xTaskCreate(vTaskCode1,"Task1",STACK_SIZE,&ucParToPass,1,&xHandle1);
    xTaskCreate(vTaskCode2,"Task2",STACK_SIZE,&ucParToPass,2,&xHandle2);

    HandlerCola = xQueueCreate ( N, sizeof(uint32_t));     //Crea la cola

    while (1)
    {
        vTaskDelay(1000 / portTICK_PERIOD_MS); // Tarea main ociosa
    }
}
```

Ejemplo 29. Colas en FreeRTOS.

Configurar la operación en *menuconfig* con un solo núcleo. El siguiente ejemplo crea dos tareas: vTaskCode1 que se ejecuta cada 200 ms y vTaskCode2 que se ejecuta cada 100 ms. La primera, toma datos analógicos del ADC y los guarda en la cola. La segunda tarea toma los datos y procesa el valor medido calculando internamente el valor medio en una ventana de tiempo. Para configurar el ADC ver el CAPÍTULO 6.

```
#include <stdio.h>
#include "freertos/FreeRTOS.h"
#include "freertos/task.h"
#include "driver/gpio.h"
#include "freertos/queue.h"

#include "esp_adc/adc_oneshot.h"
#include "esp_adc/adc_cali.h"
#include "esp_adc/adc_cali_scheme.h"

#define STACK_SIZE  2*1024     //tamaño de la pila: 2kBytes

#define ADC1_CHANN  ADC_CHANNEL_5 //<-> GPIO6
#define N           10            //tamaño de la cola
```

```
volatile int state1 = 0;
volatile int state2 = 0;
QueueHandle_t HandlerCola = NULL;
adc_oneshot_unit_handle_t adc1_handle;   //handler ADC


void configura_adc(void);

//--------------------------------------------------------------------------
void vTaskCode1( void * pvParameters )
{
    while(1)
    {
       vTaskDelay(200/portTICK_PERIOD_MS);


       int medida_adc=0;
       adc_oneshot_read (adc1_handle, ADC1_CHANN, &medida_adc);


       if (!xQueueSend(HandlerCola,&medida_adc,pdMS_TO_TICKS(10)))
           printf("Error en el envío de la cola\n");
    }
}
//--------------------------------------------------------------------------
void vTaskCode2( void * pvParameters )
{
    int buff[N] = {0};
    int k = 0;


    while(1)
    {
       vTaskDelay(100/portTICK_PERIOD_MS);


       int valor_recibido,valor_promediado   = 0;


       while (xQueueReceive(HandlerCola, &valor_recibido,0))
       {
           buff[k] = valor_recibido;   //almacena el dato en buffer de tarea2
           k++;                        //actualiza el índice del buffer de


           if (k>N-1)                  //forma cíclica
              k= 0;
```

```
            //suma todos los datos del buffer y promedia
            valor_promediado = 0;
            for (int j=0; j<N; j++)
                valor_promediado += buff[j];

            printf("Se ha recibido: %d. Promedio: %d\n",valor_recibido,
                                            valor_promediado/N);
    }
  }
}


//---------------------------------------------------------------------------
int ucParToPass = 0;      //dummy
void app_main(void)
{
    configura_adc();

    TaskHandle_t xHandle1 = NULL;                       //Handler a la tarea
    TaskHandle_t xHandle2 = NULL;                       //Handler a la tarea

    //Crea las tareas
    xTaskCreate(vTaskCode1,"Task1", STACK_SIZE, &ucParToPass, 1, &xHandle1);
    xTaskCreate(vTaskCode2,"Task2", STACK_SIZE, &ucParToPass, 2, &xHandle2);

    HandlerCola = xQueueCreate ( N, sizeof(uint32_t));   //Crea la cola

    while (1)
    {
        vTaskDelay(1000 / portTICK_PERIOD_MS); // Tarea main ociosa
    }
}

//------Rutina de configuración del ADC----------------------------------
void configura_adc(void)
{
    adc_oneshot_unit_init_cfg_t init_config =
    {
        .unit_id = ADC_UNIT_1,
    };
    adc_oneshot_new_unit (&init_config, &adc1_handle);
```

```
    adc_oneshot_chan_cfg_t config =
    {
        .atten    = ADC_ATTEN_DB_12,
        .bitwidth = ADC_BITWIDTH_DEFAULT,
    };
    adc_oneshot_config_channel(adc1_handle, ADC1_CHANN, &config);
}
```

24.2 MUTEX EN FREERTOS

Los mutex, exclusión mutua (*mutual exclusion*) son herramientas del sistema operativo para proteger el acceso a ciertos recursos. Los recursos pueden ser variables, periféricos, etc. En un sistema concurrente donde las tareas pueden acceder simultáneamente a los recursos pueden producirse pérdida y corrupción de datos o incluso bloqueos de la ejecución del programa. Para evitarlo y hacer que los recursos sean accesibles por una sola tarea a la vez, se utilizan los mutex.

Un ejemplo de la necesidad de los mutex es cuando dos tareas, Tarea1 y Tarea2, necesitan acceso a una interfaz de comunicaciones, por ejemplo, un LCD para mostrar una información (esto podría extenderse a puertos de comunicación o de memoria).

Supongamos que una aplicación con dos tareas exporta cierta información (texto y número) a un dispositivo LCD. La Tarea1 escribe solo texto: "ABCDEFGHIJKLMNOPQRSTUVWXYZ". La Tarea2 imprime "1234567890" y es de más prioridad. Supongamos que cuando la Tarea1 está ejecutándose, en un instante de tiempo *t*, la Tarea2 se despierta, al tener más prioridad interrumpe a la Tarea1 cuando ésta solo ha podido imprimir "ABCDEFG" en el LCD. Como la Tarea2 adquiere el recurso compartido (LCD), comienza a ejecutarse e imprime "1234567890". Una vez que la Tarea2 completa su trabajo, la Tarea1 reanuda su ejecución desde el punto donde fue interrumpida e imprime el resto de su cadena. El resultado sería "ABCDEFG1234567890HIJKLMNOPQRSTUVWXYZ" cuando inicialmente queríamos que hubiera sido: "ABCDEFGHIJKLMNOPQRSTUVWXYZ1234567890" lo que daría lugar a un error de comunicación.

Para poder utilizar los mutex, habrá que incluir la biblioteca "freertos/semphr.h" y declarar un *handler* de tipo *SemaphoreHandle_t*. El mismo tipo se utiliza tanto para mutex como para semáforos.

```
#include "freertos/semphr.h"
SemaphoreHandle_t xMutex;
```

Se inicializa el *handler*:

```
xMutex = xSemaphoreCreateMutex();
```

Para adquirir el mutex que protege a un recurso se usa xSemaphoreTake:

```
xSemaphoreTake(xMutex, tDelay);
```

Y para liberar el mutex *xSemaphoreGive*:

```
xSemaphoreGive(xMutex);
```

Siempre se deberá intentar adquirir el mutex antes de acceder al recurso.

```
if (xSemaphoreTake(xMutex, tDelay)) //Bloqueo del mutex
{
    // Uso del recurso
    ...

    // Fin uso recurso. Liberación del mutex
    xSemaphoreGive(xMutex);
}
```

tDelay permite definir un tiempo máximo a la espera de que se libere el recurso, es decir, que se libere el mutex. Este parámetro es importante para no bloquear en exceso la tarea en ejecución que está a la espera de disponer del recurso.

Si *tDelay* = portMAX_DELAY, el tiempo de espera sería indefinido.

Se presenta a continuación un esqueleto de aplicación donde se hace uso de mutex para proteger un recurso compartido:

```
#include <stdio.h>
#include "freertos/FreeRTOS.h"
#include "freertos/task.h"
#include "driver/gpio.h"
#include "freertos/queue.h"

#include "freertos/semphr.h"

#define STACK_SIZE  2*1024    //n x 1kByte es el tamaño de la pila
#define T           50        //ms
```

```
SemaphoreHandle_t xMutex;
//-----------------------------------------------------------------------------
void vTask1( void * pvParameters )
{
    while(1)
    {
        vTaskDelay ( T/portTICK_PERIOD_MS );    //bloquea tarea
        //tarea despierta

        if (xSemaphoreTake(xMutex, portMAX_DELAY))
        {
            //Has tomado el control del recurso, realiza una operación con él
            xSemaphoreGive(xMutex);                 //Libera el recurso
        }
        //Sigue ejecución tarea
    }
}


//-----------------------------------------------------------------------------
void vTask2( void * pvParameters )
    {
    while(1)
    {
    vTaskDelay ( T/portTICK_PERIOD_MS );    //bloquea tarea
    //tarea despierta

        if (xSemaphoreTake(xMutex, portMAX_DELAY))
        {
            //Has tomado el control del recurso, realiza una operación con él
            xSemaphoreGive(xMutex);
        }
        //Sigue ejecución tarea
    }
}
//-----------------------------------------------------------------------------
int ucParToPass = 0;    //dummy
void app_main(void)
{
```

```
xMutex = xSemaphoreCreateMutex();                        //mutex
TaskHandle_t xHandle1,xHandle2 = NULL;                   //Handler a la tarea

xTaskCreate(vTask1,"T1",STACK_SIZE,&ucParToPass,1,&xHandle1);
xTaskCreate(vTask2,"T2",STACK_SIZE,&ucParToPass,1,&xHandle2);
while (1)
{
    vTaskDelay(1000 / portTICK_PERIOD_MS); // Tarea main ociosa
}
}
```

> (i) **Nota**
>
> Un mutex no debe usarse para sincronizar eventos.

Ejemplo 30. Mutex en FreeRTOS.

Configurar la operación en *menuconfig* con un solo núcleo. El siguiente ejemplo crea tres tareas: vTaskMinOverTime, vTaskMaxOverTime y vTaskMeanOverTime. Las tres se ejecutan cada 200 ms. La primera, toma el ADC y calcula el mínimo valor de N medidas, la segunda toma el ADC y calcula el valor máximo de N medidas y la tercera, también toma el ADC y calcula el valor medio de N medidas. Debe arbitrarse un mecanismo de sincronización para que no haya colisión en el uso del ADC. La tarea vTaskMeanOverTime tiene menos prioridad que las otras dos.

```
#include <stdio.h>
#include "freertos/FreeRTOS.h"
#include "freertos/task.h"
#include "driver/gpio.h"

#include "freertos/semphr.h"

#include "esp_adc/adc_oneshot.h"
#include "esp_adc/adc_cali.h"
#include "esp_adc/adc_cali_scheme.h"

#define STACK_SIZE    2*1024    //n x 1kByte es el tamaño de la pila
#define ADC1_CHANN    ADC_CHANNEL_5 //<-> GPIO6
#define NUM_MEDIDAS   1000
```

```
#define T1          200    //ms
#define T2          200    //ms
#define T3          200    //ms


int  min_over_time = 30000;    //El mutex protege tanto el acceso al ADC como a
las
int  max_over_time = 0;          //variables compartidas.
unsigned long mean_over_time = 0;


SemaphoreHandle_t xMutex;


void configura_adc(void);
adc_oneshot_unit_handle_t adc1_handle;   //handler ADC


//-----Tarea 1--------------------------------------------------------
void vTaskMinOverTime( void * pvParameters )
{
    int medida_adc = 0;

    while(1)
    {
      vTaskDelay (T1/portTICK_PERIOD_MS );           //Tarea bloqueada
      if (xSemaphoreTake(xMutex, portMAX_DELAY))     //¿Recurso libre?
      {
          for (int i=0;i<NUM_MEDIDAS;i++)            //Opera
          {
              adc_oneshot_read (adc1_handle, ADC1_CHANN , &medida_adc);
              if(min_over_time > medida_adc)
                  min_over_time = medida_adc;

          }
          //El mutex se mantiene durante NUM_MEDIDAS lecturas-> sección larga
          xSemaphoreGive(xMutex);                    //Libera el recurso
      }
      //Continua tarea
    }
}
//------Tarea 2--------------------------------------------------------
void vTaskMaxOverTime( void * pvParameters )
{
    int medida_adc = 0;
```

```
    while(1)
    {
        vTaskDelay (T2/portTICK_PERIOD_MS );        //Tarea bloqueada
        if (xSemaphoreTake(xMutex, portMAX_DELAY))   //¿Recurso libre?
        {
            for (int i=0;i<NUM_MEDIDAS;i++)          //Opera
            {
                adc_oneshot_read (adc1_handle, ADC1_CHANN , &medida_adc);
                if(max_over_time < medida_adc)
                    max_over_time = medida_adc;
            }
            //El mutex se mantiene durante NUM_MEDIDAS lecturas-> sección larga
            xSemaphoreGive(xMutex);                   //Libera el recurso
            //Continua tarea
        }
    }
}


//-----Tarea 3 --------------------------------------------------------------
void vTaskMeanOverTime( void * pvParameters )
{
    int medida_adc = 0;

    while(1)
    {
        mean_over_time = 0;
        vTaskDelay (T3/portTICK_PERIOD_MS );        //Tarea bloqueada
        if (xSemaphoreTake(xMutex, portMAX_DELAY))   //¿Recurso libre?
        {
            for (int i=0;i<NUM_MEDIDAS;i++)          //Opera
            {
                adc_oneshot_read (adc1_handle, ADC1_CHANN , &medida_adc);
                mean_over_time += medida_adc;
            }
            mean_over_time = mean_over_time/NUM_MEDIDAS;
            //El mutex se mantiene durante NUM_MEDIDAS lecturas-> sección larga
            xSemaphoreGive(xMutex);                   //Libera el recurso
            //Continua tarea
        }
    }
```

```
}

//-----main_app ----------------------------------------------------------
int ucParToPass = 0;     //dummy
void app_main(void)
{
    xMutex = xSemaphoreCreateMutex();                    //mutex

    configura_adc();

    TaskHandle_t xHandle1,xHandle2,xHandle3 = NULL;  //Handler a las tareas

    xTaskCreate(vTaskMinOverTime, "MinTask", STACK_SIZE,
                                &ucParToPass, 2, &xHandle1);
    xTaskCreate(vTaskMaxOverTime, "MaxTask", STACK_SIZE,
                                &ucParToPass, 2, &xHandle2);
    xTaskCreate(vTaskMeanOverTime,"MeanTask",STACK_SIZE,
                                &ucParToPass, 1, &xHandle3);

    while (1){
        vTaskDelay(1000 / portTICK_PERIOD_MS); // Tarea main ociosa
        printf("\t\t\t\t\t\tMax|Min|Mean Over Time: %d, %d,
                %lu\n",max_over_time,  min_over_time,  mean_over_time) ;
    }
}


//---Configuración del ADC----------------------------------------------
void configura_adc(void)
{
    adc_oneshot_unit_init_cfg_t init_config =
    {
        .unit_id = ADC_UNIT_1,
    };
    adc_oneshot_new_unit (&init_config, &adc1_handle);
    adc_oneshot_chan_cfg_t config = {
        .atten    = ADC_ATTEN_DB_12,
        .bitwidth = ADC_BITWIDTH_DEFAULT,
    };
    adc_oneshot_config_channel(adc1_handle, ADC1_CHANN , &config);
}
```

24.3 SEMÁFOROS EN FREERTOS

Los semáforos binarios se utilizan para sincronizar la ejecución de tareas de forma coordinada. Pueden tomar dos estados, '0' o '1'. Cuando una tarea está esperando por un semáforo, no consume recursos de CPU.

Para poder utilizar los semáforos, se deberá incluir la biblioteca "freertos/semphr.h" y declarar un *handler* de tipo *SemaphoreHandle_t*, similar al de los mutex.

```
#include <stdio.h>
#include "freertos/FreeRTOS.h"

#include "freertos/semphr.h"
…
SemaphoreHandle_t xSemaphore;
```

Se inicializa el *handler*:

```
xSemaphore = xSemaphoreCreateBinary();
```

Esqueleto de aplicación con semáforos:

```
#include <stdio.h>
#include "freertos/FreeRTOS.h"
#include "freertos/task.h"

#include "freertos/semphr.h"

#define STACK_SIZE  2*1024    //n x 1kByte es el tamaño de la pila
#define T           200    //ms

SemaphoreHandle_t xSemaphore;                 //semáforo

//-------------------------------------------------------------------------------
void vTask1( void * pvParameters )
{
    while(1)
    {
        vTaskDelay ( T/portTICK_PERIOD_MS );    //bloquea tarea

        //Código de la tarea
        if (condicion)
            xSemaphoreGive(xSemaphore);        //semáforo verde a la 2ª tarea
```

```
        }
    }
//------------------------------------------------------------------------------
void vTask2 ( void * pvParameters )
{
    int medida_adc = 0;

    while(1)
    {
        vTaskDelay ( T/portTICK_PERIOD_MS );   //bloquea tarea
        if (xSemaphoreTake(xSemaphore, portMAX_DELAY))
        {
            //Código de la tarea que ha recibido semáforo verde.
        }
    }
}
//------------------------------------------------------------------------------
int ucParToPass = 0;     //dummy
void app_main(void)
{
    xSemaphore = xSemaphoreCreateBinary();              //semáforo
    TaskHandle_t xHandle1,xHandle2 = NULL;              //Handler a las tareas

    xTaskCreate( vTask1, "T1",  STACK_SIZE, &ucParToPass, 2, &xHandle1);
    xTaskCreate( vTask2, "T2",  STACK_SIZE, &ucParToPass, 1, &xHandle2);
    while (1)
    {
        vTaskDelay(1000 / portTICK_PERIOD_MS); // Tarea main ociosa
    }
}
```

Ejemplo 31. Semáforos en FreeRTOS.

Configurar la operación en *menuconfig* con un solo núcleo. El siguiente ejemplo crea dos tareas: vTaskMinOverTime y vTaskMinOverTime. Las dos se ejecutan cada 200 ms. La tarea 1 tiene más prioridad que la 2 y sincroniza el acceso al recurso compartido.

La primera, toma el ADC y calcula el mínimo valor acumulado en el tiempo de N medidas. Una vez que ha terminado su ejecución, le indica por medio de un semáforo a la tarea 2 que puede empezar su ejecución.

```
#include <stdio.h>
#include "freertos/FreeRTOS.h"
#include "freertos/task.h"
#include "driver/gpio.h"
#include "freertos/semphr.h"          //Semáforo
#include "esp_adc/adc_oneshot.h"      //ADC
#include "esp_adc/adc_cali.h"         //ADC
#include "esp_adc/adc_cali_scheme.h"  //ADC


#define STACK_SIZE   2*1024    //n x 1kByte es el tamaño de la pila
#define ADC1_CHANN   ADC_CHANNEL_5 //<-> GPIO6
#define NUM_MEDIDAS  1000
#define T1           200    //ms
#define T2           200    //ms



int  min_over_time = 30000;
int  max_over_time = 0;
unsigned long mean_over_time = 0;


SemaphoreHandle_t xSemaphore;


void configura_adc(void);
adc_oneshot_unit_handle_t adc1_handle;  //handler ADC


//-----------------------------------------------------------------------------
void vTaskMinOverTime( void * pvParameters )
{
    TickType_t          xLastWakeTime;
    const TickType_t    xDelayTicks = T1/portTICK_PERIOD_MS;

    xLastWakeTime = xTaskGetTickCount ();

    int medida_adc = 0;

    while(1)
    {
        xTaskDelayUntil( &xLastWakeTime, xDelayTicks );   //Bloqueo
        //Tarea despierta
```

```
        for (int i=0;i<NUM_MEDIDAS;i++)
        {
                adc_oneshot_read (adc1_handle, ADC1_CHANN, &medida_adc);
                if(min_over_time > medida_adc)
                    min_over_time = medida_adc;
        }
        xSemaphoreGive(xSemaphore);
    }
}


//--------------------------------------------------------------------
void vTaskMaxOverTime( void * pvParameters )
{
    int medida_adc = 0;
    TickType_t          xLastWakeTime;
    const TickType_t    xDelayTicks = 1/portTICK_PERIOD_MS;

    xLastWakeTime = xTaskGetTickCount ();

    while(1)
    {
       xTaskDelayUntil( &xLastWakeTime, xDelayTicks );    //Bloqueo
       //Tarea despierta
       //Tarea despierta

       if (xSemaphoreTake(xSemaphore, portMAX_DELAY))
       {   //A la espera de semáforo
           for (int i=0; i<NUM_MEDIDAS; i++)
           {
               adc_oneshot_read (adc1_handle, ADC1_CHANN, &medida_adc);
               if(max_over_time < medida_adc)
                   max_over_time = medida_adc;
           }
       }
    }
}

//--------------------------------------------------------------------
int ucParamToPass = 0;    //dummy
void app_main(void)
```

```c
{
    xSemaphore = xSemaphoreCreateBinary();                    //semáforo

    configura_adc();

    TaskHandle_t xHandle1,xHandle2 = NULL;                    //Handler a la tarea

    xTaskCreate(vTaskMinOverTime,"MinTask",STACK_SIZE, &ucParamToPass,2,&xHandle1);
    xTaskCreate(vTaskMaxOverTime,"MaxTask",STACK_SIZE, &ucParamToPass,1,&xHandle2);

    while (1)
    {
        vTaskDelay(1000 / portTICK_PERIOD_MS); //Tarea main imprime

        printf(„\t\t\t\t\t\tMax|Min|Mean Over Time: %d, %d, %lu\n",
                max_over_time, min_over_time, mean_over_time);
    }
}

//------------------------------------------------------------
void configura_adc(void)
{
    /************* Config ADC ***************/
    adc_oneshot_unit_init_cfg_t init_config =
    {
        .unit_id = ADC_UNIT_1,
    };

    adc_oneshot_new_unit (&init_config, &adc1_handle);
    adc_oneshot_chan_cfg_t config =
    {
        .atten   = ADC_ATTEN_DB_12,
        .bitwidth = ADC_BITWIDTH_DEFAULT,
    };

    adc_oneshot_config_channel(adc1_handle, ADC1_CHANN , &config);
}
```

24.4 EJERCICIOS

Configura el entorno de desarrollo para que la aplicación se ejecute en un solo núcleo. La velocidad de la CPU = 80 MHz. Configura el periodo mínimo de *tick* de sistema (tiempo mínimo de *time-slice*) a 1000 Hz o 1 ms.

▶ Escribe una aplicación basada en FreeRTOS para ESP32-S3 con las siguientes características. La aplicación consta de tres tareas: A, B y C.

- Tarea A: se ejecuta de forma periódica cada 100 ms.

- Lee un dato del ADC asociado al GPIO6 y lo introduce en una cola de datos.
  Esta tarea debe tener la mayor prioridad del sistema, de modo que no pueda ser interrumpida por ninguna otra tarea.

- Tarea B: se ejecuta cada 50 ms.

- Lee los datos almacenados en la cola y los imprime por el terminal serie, junto con el valor actual del tiempo del sistema.

- La tarea C supervisa el estado del botón BOOT (GPIO0) y cuando se detecta una pulsación se suspenden las tareas A y B. Transcurridos 3 segundos, las tareas A y B se reanudan automáticamente.

- Esta tarea también imprime por el terminal serie, una vez por segundo, las estadísticas del sistema (tiempo de ejecución de cada tarea y tareas activas).

- Define los handlers de las tareas como variables globales.

▶ Escribe una aplicación basada en FreeRTOS para ESP32-S3 con las siguientes características. La aplicación consta de tres tareas: A, B y C.

- Tarea A: se ejecuta cada 500ms. Lee un dato del ADC asociado al GPIO7, lo acumula en una variable global de tipo *float* denominada gDato y notifica a la tarea B que hay un nuevo dato disponible mediante un semáforo binario.

- Tarea B: permanece bloqueada a la espera del semáforo generado por la tarea A. Al recibir la notificación, calcula el doble del valor de gDato e imprime el resultado por el terminal serie junto con el tiempo del sistema.

- Tarea C: se ejecuta cada 100 ms. Cuando se pulsa el botón BOOT, se imprime por el terminal serie el mensaje "BOOT pulsado", junto con los ticks del sistema y se activa un temporizador software con una duración de 5 segundos. Al expirar el temporizador, se imprime por el terminal serie el mensaje "timeout expired", junto con los ticks del sistema.

▸ Escribe una aplicación basada en FreeRTOS para ESP32-S3 con las siguientes características. La aplicación consta de tres tareas: A, B y C.

- Tarea A: se ejecuta cada 80 ms. Incrementa una variable global gCounter en +1. El acceso a la variable debe estar protegido mediante un mutex.

- Tarea B: se ejecuta cada 100 ms. Decrementa una variable global gCounter -1. La tarea B es más prioritaria que A. El acceso a la variable también debe estar protegido mediante el mismo mutex.

- Tarea C: se ejecuta cada 20 ms. Mientras el botón BOOT (GPIO0) esté pulsado, se muestra cada 0,1 s por el terminal serie el valor actual de gCounter, junto con los ticks del sistema. Al soltar el pulsador, la variable gCounter se reinicia a cero. La variable gCounter debe estar protegida mediante mutex.

25

PLANIFICADOR, PRIORIDADES Y ESTADÍSTICAS

25.1 ESTADÍSTICAS EN FREERTOS

FreeRTOS es un sistema operativo, y aunque liviano es capaz de proporcionar estadísticas de uso de procesador. Para poder usarlas, hay que configurar algunas directivas dentro de *menuconfig*. Seleccionar:

- FREERTOS_USE_STATS_FORMATTING_FUNCTIONS
- FREERTOS_USE_TRACE_FACILITY
- FREERTOS_GENERATE_RUN_TIME_STATS

Funciones importantes:

Para analizar el porcentaje de uso del procesador, se usa la función:

```
void vTaskGetRunTimeStats( char *buffer );
```

Esta función devuelve en un *buffer* el tiempo total de ejecución de cada tarea, tanto en valor absoluto (ticks) como en porcentaje respecto al tiempo total de ejecución.

Esta función debería llamarse desde app_main() o desde una tarea de baja prioridad.

Un ejemplo de uso podría ser el siguiente:

```
char Buff[512];
...
vTaskGetRunTimeStats(Buff);
...
printf("%s ", Buff);
```

Por ejemplo, para un programa que tiene 4 tareas y un temporizador de tipo esp_timer, al llamar a *vTaskGetRunTimeStats* e imprimirlo por el terminal podríamos obtener un mensaje similar a este:

```
main        660713        <1%
IDLE        646720464     79%
TASK1       32393033      3%
TASK2       101173385     12%
TASK3       29721832      3%
TASK4       335201        <1%
Tmr Svc     11            <1%
```

Se observa que la tarea TASK2 ocupa el 12% de la carga del procesador, mientras que el procesador está ocioso el 79 % del tiempo (tarea IDLE).

Otra función que reporta informes de uso de tareas es:

```
void vTaskList( char *buffer )
```

Esta función proporciona una información formateada de las tareas, prioridades, uso de pila y número de tarea. Por ejemplo, el estado de las tareas lo reportará como:

```
B: Bloqueada (Blocked), S: Suspendida (Suspended), R: Ready, D: Deleted
```

25.2 TIME SLICING

El *time-slicing* divide el tiempo de CPU de forma equitativa entre todas las tareas activas que tienen la misma prioridad, de forma que a todas ellas les toca una fracción del tiempo de procesamiento. De este modo, ninguna tarea monopoliza el procesador y todas reciben tiempo de ejecución de forma equitativa.

En la figura se puede ver en la parte superior una planificación de tareas **sin** *time-slicing*. Se ejecuta la Tarea1, cuando termina, se ejecuta la Tarea 2 y así sucesivamente. Cuando terminan todas las tareas la CPU queda ociosa (realmente ejecuta la tarea IDLE). Iniciándose de nuevo la Tarea1 de acuerdo con su periodicidad.

En la parte inferior, se puede ver el procesamiento de las mismas tareas, pero con *time-slicing*. Al comenzar la ejecución, todas las tareas tienen asignado un tiempo de CPU y a medida que terminan son bloqueadas hasta que vuelvan a estar en estado *Ready*. El tiempo de la CPU se asigna a las tareas que aún están en ejecución.

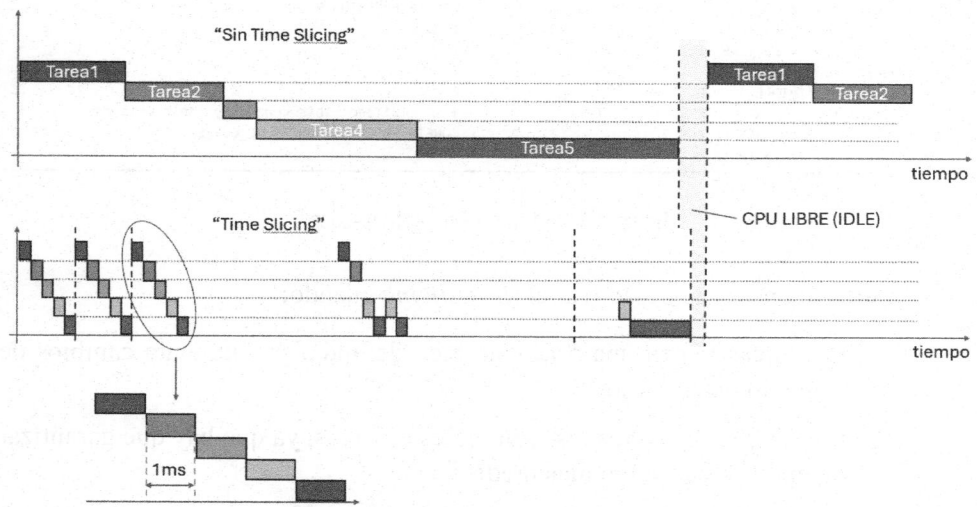

Imagen 63. Ejecución sin time-slicing o con time-slicing habilitado

El empleo de *time-slicing* tiene ventajas y desventajas.

Ventajas:

- Favorece las tareas de duración más corta ya que terminan antes.
- Distribuye más equitativamente la carga de la CPU.
- En promedio, las tareas comienzan su ejecución antes.

Desventajas:

- Puede aumentar el tiempo total de ejecución debido a la sobrecarga introducida por el *scheduler*.

Para activar o desactivar el time-slicing, abrir el archivo de cabecera ...\ v5.5.1\esp-idf\components\freertos\config\include\freertos\FreeRTOSConfig.h   y modificar la directiva configUSE_TIME_SLICING.

```
#define configUSE_TIME_SLICING          [0|1]
```

```
C: > Users > fjbur > esp > v5.5.1 > esp-idf > components > freertos > config > include > freertos >  C FreeRTOSConfig.h > ...
85
86   #define configUSE_PREEMPTION                    1
87   #define configUSE_TICKLESS_IDLE                 CONFIG_FREERTOS_USE_TICKLESS_IDLE
88   #if configUSE_TICKLESS_IDLE
89       #define configEXPECTED_IDLE_TIME_BEFORE_SLEEP  CONFIG_FREERTOS_IDLE_TIME_BEFORE_SLEEP
90   #endif /* configUSE_TICKLESS_IDLE */
91   #define configCPU_CLOCK_HZ                      ( CONFIG_ESP_DEFAULT_CPU_FREQ_MHZ * 1000000 )
92   #define configTICK_RATE_HZ                      CONFIG_FREERTOS_HZ
93   #define configMAX_PRIORITIES                    ( 25 )
94   #define configUSE_TIME_SLICING                  1
95   #define configUSE_16_BIT_TICKS                  0
96   #define configIDLE_SHOULD_YIELD                 0
97   #define configKERNEL_INTERRUPT_PRIORITY         1       /*Todo: This currently isn't used anywhere */
98   #define configNUMBER_OF_CORES                   CONFIG_FREERTOS_NUMBER_OF_CORES
99   /* For compatibility */
```

Imagen 64. Habilitación del time-slice

Sería aconsejable desactivar el *time-slicing* cuando:

▶ Las tareas tienen una prioridad bien definida, ya que evita cambios de contexto innecesarios.

▶ Se necesitan unos plazos temporales estrictos, ya que hay que garantizar tiempos de ejecución más predecibles.

▶ Procesadores de baja potencia, así reduce la carga debido al scheduler.

▶ Tareas que están sincronizadas por algún mecanismo, semáforos, mutex. Ya que no será necesario repartir el tiempo de la CPU por un medio externo como el *scheduler*.

25.3 PRIORIDADES Y *PREEMPTION*

En FreeRTOS las tareas con mayor prioridad se ejecutan antes y de forma prioritaria sobre otras de menor prioridad. La prioridad de la tarea se define a través del argumento `tskIDLE_PRIORITY` cuando la tarea se crea desde *app_main*. Un número más elevado indica más prioridad. La tarea IDLE tiene prioridad '0'. No se debería asignar ninguna tarea de prioridad inferior a '1'.

Si la carga de la CPU está al 100%, las únicas tareas que cumplirán el tiempo de ejecución serán aquellas marcadas como prioritarias, siempre que su tiempo de tarea sea inferior al ciclo total de las tareas.

Esta característica hace que el sistema operativo sea de tipo *preemptive*, es decir tiene la capacidad de desalojar un proceso con menor prioridad y ejecutar otro de mayor prioridad. Se puede activar o desactivar dicha propiedad con la directiva configUSE_PREEMPTION que se encuentra en:

\v5.5.1\esp-idf\components\freertos\config\include\freertos\FreeRTOSConfig.h

Cuando la propiedad configUSE_PREEMPTION está a '0', habría una planificación de tipo Round-Robin, mientras que, si está a '1', la planificación sería de tipo *preemptive*, con *time-slicing* habilitado o no en función de la etiqueta configUSE_TIME_SLICING.

```
C: > Users > fjbur > esp > v5.5.1 > esp-idf > components > freertos > config > include > freertos > C FreeRTOSConfig.h > ...
 72    /*----------------------------------------------------------
 82    --------------------------------------------------------*/
 83
 84    /* ----------------- Scheduler Related ------------------- */
 85
 86    #define configUSE_PREEMPTION                    1
 87    #define configUSE_TICKLESS_IDLE                 CONFIG_FREERTOS_USE_TICKLESS_IDLE
 88    #if configUSE_TICKLESS_IDLE
 89    |    #define configEXPECTED_IDLE_TIME_BEFORE_SLEEP   CONFIG_FREERTOS_IDLE_TIME_BEFORE_SLEEP
 90    #endif /* configUSE_TICKLESS_IDLE */
 91    #define configCPU_CLOCK_HZ                      ( CONFIG_ESP_DEFAULT_CPU_FREQ_MHZ * 1000000 )
 92    #define configTICK_RATE_HZ                      CONFIG_FREERTOS_HZ
 93    #define configMAX_PRIORITIES                    ( 25 )
 94    #define configUSE_TIME_SLICING                  1
 95    #define configUSE_16_BIT_TICKS                  0
 96    #define configIDLE_SHOULD_YIELD                 0
 97    #define configKERNEL_INTERRUPT_PRIORITY         1        /*Todo: This currently isn't used anywhere */
 98    #define configNUMBER_OF_CORES                   CONFIG_FREERTOS_NUMBER_OF_CORES
 99    /* For compatibility */
100    #define configNUM_CORES                        configNUMBER_OF_CORES
```

Imagen 65. Selección de propiedad preemptive

Se debería inhibir la propiedad *preemptive* cuando:

▶ Los sistemas son muy simples o con muy pocas tareas.

▶ Se requiere un control total en el cambio de contexto.

▶ Sea necesario depurar paso a paso sin que el *scheduler* interrumpa el flujo de la ejecución.

▶ Se quiera reducir la sobrecarga debido al *scheduler*.

25.4 PRIORIDADES E INTERRUPCIONES

Las interrupciones se ejecutan con prioridad alta, tanto si se trabaja con *time-slicing* habilitado o no. El *scheduler* detendrá la tarea que esté en ejecución y cambiará el contexto a la rutina de atención a la interrupción.

Algo que ya se sabe pero que merece la pena recordar es que las rutinas de atención a la interrupción deberían mantenerse lo más livianas posibles para no bloquear la ejecución del resto de tareas.

Frente a la gestión estándar, donde la interrupción es gestionada directamente sobre la rutina de atención a la interrupción, en FreeRTOS se propone una técnica alternativa, más segura (aunque algo más compleja).

En FreeRTOS se propone gestionar la interrupción a través de una tarea asociada a la rutina de atención a la interrupción usando entre medias un mecanismo de sincronización (cola o semáforo). Esa tarea tendrá una prioridad mayor a cualquiera de las otras tareas de usuario. Es lo que se conoce como *deferred interrupt*.

En la siguiente imagen se representa la técnica *deferred interrupt* cuando se produce una interrupción INT.

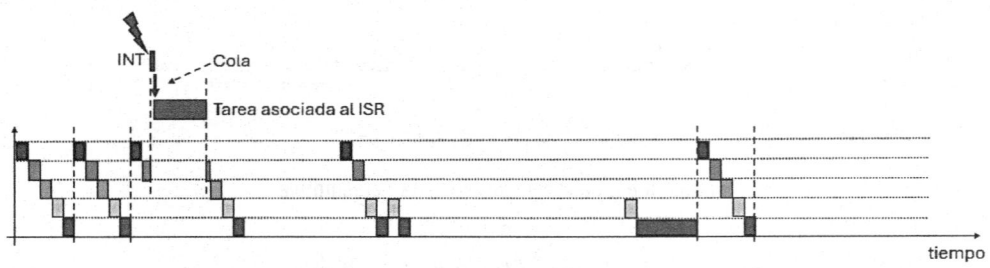

Imagen 66. Gestión de Interrupciones por medio de "deferred interrupt"

El *scheduler* suspende la ejecución de cualquier tarea hasta que finaliza la atención de la interrupción.

Ejemplo 32. Gestión de interrupciones en FreeRTOS.

Configurar la operación en *menuconfig* con un solo núcleo. El siguiente ejemplo crea dos tareas: Tarea1 y Tarea2 que se ejecutan cada 200 ms. Se configura GPIO0 (BOOT) para que cree una interrupción en cada flanco de bajada. De acuerdo con las recomendaciones para gestionar una interrupción en FreeRTOS, técnica *deferred interrupt*, se crea una nueva tarea *TareaAsociadaInt* que queda suspendida hasta que recibe un dato en la cola. Cuando se produce la interrupción, se atiende en la ISR. En la ISR se alimenta de la cola con la información necesaria para que la tarea asociada la procese. En ese momento *TareaAsociadaInt* se pone en ejecución al tener una prioridad por encima de las tareas 1 y 2.

```c
#include <stdio.h>
#include <string.h>
#include "freertos/FreeRTOS.h"
#include "freertos/task.h"
#include "freertos/queue.h"
#include "driver/gpio.h"
#include "esp_timer.h"

//PERIODOS TAREAS en ms
#define TASK1_T 200
#define TASK2_T 200

//GPIO SALIDAS Y ENTRADAS DIGITALES
#define PULSADOR 0

#define STACK_SIZE  4*1024        //N x 1kByte es el tamaño de la piLa

bool flag_stats = false;

static QueueHandle_t gpio_evt_queue = NULL;

//------------------------------------------------------------------
static void ExtPin0_ISR_handler(void *args);
void configura_GPIO_e_INT(void);
static void TareaAsociadaInt (void* arg);

//--------------Task1----------------------------------------------
void Tarea1( void * pvParameters )
{
    while(1)
    {
        //Trabajo dentro de la tarea

        //Suspende y espera hasta TASK1_T ms
        vTaskDelay (TASK1_T / portTICK_PERIOD_MS);
    }
}
//----------------Task2 -------------------------------------------
void Tarea2( void * pvParameters )
{
    while(1)
```

```
    {
        //Trabajo dentro de la tarea

        //Suspende y espera hasta TASK2_T ms
        vTaskDelay (TASK2_T / portTICK_PERIOD_MS);
    }
}
//----------------App Main------------------------------------
gpio_config_t myGPIOconfig;

void app_main(void)
{
    //Crea una cola para comunicar la acción de la ISR
    gpio_evt_queue = xQueueCreate(10, sizeof(uint32_t));

    //Configura BOOT para generar una interrupción digital
    configura_GPIO_e_INT();

    //Crea handler de las tareas
    TaskHandle_t xHandle1 = NULL;  //Handler a la tarea 1
    TaskHandle_t xHandle2 = NULL;  //Handler a la tarea 2

    /*Prioridad 1*/
    xTaskCreate( Tarea1,"TASK1", STACK_SIZE, NULL, 1, &xHandle1);
    /*Prioridad 1*/
    xTaskCreate( Tarea2,"TASK2", STACK_SIZE, NULL, 1, &xHandle2);


    //Crea handler de las tarea asociada a la ISR
    TaskHandle_t xGPIOint = NULL;  //Handler a la Tarea de la ISR

    /*Prioridad 10*/
    xTaskCreate(TareaAsociadaInt,"ISR",STACK_SIZE,NULL,10,&xGPIOint);

    while (1)
    {
        //tarea main_app ociosa
        vTaskDelay(1000/portTICK_PERIOD_MS);
    }
}
//------------Configura el GPIO para generar una interrupción-----------
```

```
void configura_GPIO_e_INT(void)
{
    //se configura la estructura gpio_config_t
    myGPIOconfig.pin_bit_mask = 1ULL<< PULSADOR;    //entrada
    myGPIOconfig.mode         = GPIO_MODE_INPUT;    //input
    myGPIOconfig.pull_up_en   = true;               //pull-up enabled
    myGPIOconfig.pull_down_en = false;              //pull-down disabled
    myGPIOconfig.intr_type    = GPIO_INTR_NEGEDGE;  //Falling edge

    //registra el pin.
    gpio_config(&myGPIOconfig);

    //registra el pin y la ISR asociada a la interrupción:
    gpio_install_isr_service(0);
    gpio_isr_handler_add(PULSADOR, ExtPin0_ISR_handler, (void *)PULSADOR);
}

//-------------ISR-----------------------------------------------
static void IRAM_ATTR ExtPin0_ISR_handler(void *args)
{
    uint32_t gpio_num = (uint32_t) args;

    /* La ISR pone en la cola un aviso indicando que se ha producido una *
     * interrupción en GPIO0. No se realiza procesamiento en la ISR, ya  *
     * que la gestión completa se delega a una tarea (deferred interrupt) */
    xQueueSendFromISR(gpio_evt_queue, &gpio_num, NULL);
}

//------------Tarea asociada a la ISR (Deferred Interrupt)-------------
static void TareaAsociadaInt (void* arg)
{
    uint32_t io_num;
    while(1)
    {
        if (xQueueReceive(gpio_evt_queue, &io_num, portMAX_DELAY))
        {
            //Gestiona la tarea
            printf("Tarea asociada a la ISR en ejecución\n");
        }
    }
}
```

25.5 GESTIÓN DE LA UART MEDIANTE EVENTOS

Un ejemplo representativo de gestión por eventos mediante la técnica de *deferred interrupt* es la recepción de datos a través de la UART en FreeRTOS. En este mecanismo, **la ISR no procesa directamente el evento**, sino que delega su tratamiento a otra función de usuario. La ISR coloca en una cola los detalles (eventos) que han activado la interrupción y es en la función de usuario donde se procesan. La función de usuario permanece bloqueada, esperando, hasta que se produzca la interrupción y la ISR alimente la cola de eventos.

La UART puede generar los siguientes eventos:

▸ UART_DATA: hay bytes disponibles en el *buffer* de recepción.
▸ UART_FIFO_OVF: desbordamiento de la FIFO *hardware*.
▸ UART_BUFFER_FULL: desbordamiento de *buffer* del *driver*.
▸ UART_PATTERN_DET: se ha detectado un patrón (si se habilita).

Para configurar este modo, a la hora de instalar el *driver*, se debe indicar el nombre de cola que se va a utilizar para transmitir los eventos:

```
static QueueHandle_t uart_event_queue;   // Cola de eventos UART


uart_driver_install(EX_UART_NUM,
                    BUF_SIZE,     // RX buffer
                    BUF_SIZE,     // TX buffer
                    10,           // número máximo de eventos pendientes en cola
                    &uart_event_queue,
                    0);
```

En la tarea que gestiona la información de la UART, hay que esperar a que llegue un evento a la cola:

```
if (xQueueReceive(uart_event_queue, (void *) &event, portMAX_DELAY))
```

Ejemplo 33. Gestión de recepción en la UART mediante *deferred interrupt*.

En el siguiente ejemplo, basado en el ejemplo de Espressif ..\esp\v5.5.1\ esp-idf\examples\peripherals\uart\uart_events\, se crea una tarea de usuario que permanece escuchando la cola *uart_event_queue*. Cuando la UART recibe datos, la ISR interna genera un evento UART_DATA y lo introduce en la cola. La tarea analiza el evento, lee los bytes disponibles recibidos y los reenvía de nuevo el propio terminal serie a modo de ECO.

```c
#include <stdio.h>
#include <string.h>
#include "freertos/FreeRTOS.h"
#include "freertos/task.h"
#include "driver/uart.h"


#define EX_UART_NUM        UART_NUM_0
#define BUF_SIZE           1024


static QueueHandle_t uart_event_queue;    // Cola de eventos UART

//-------TAREA de recepción-------------------------------------
static void uart_rx_task(void *arg)
{
    uart_event_t event;
    uint8_t data[128];

    while (1)
    {
        if (xQueueReceive(uart_event_queue, (void *)&event, portMAX_DELAY))
        {
            switch (event.type)
            {
                case UART_DATA:
                {
                    int len = uart_read_bytes(EX_UART_NUM, data, event.size,
                                                        portMAX_DELAY);

                    if (len > 0){
                        //GESTIONA LOS DATOS
                        uart_write_bytes(EX_UART_NUM, "Recv: ",
                                            sizeof("recibido: "));
                        uart_write_bytes (EX_UART_NUM, (const char*)data, len);
                    }
                }
                break;

                case UART_FIFO_OVF:
                    uart_flush_input(EX_UART_NUM);
                    xQueueReset(uart_event_queue);
                    break;
```

```
                    case UART_BUFFER_FULL:
                        uart_flush_input(EX_UART_NUM);
                        xQueueReset(uart_event_queue);
                        break;
                    default:
                        break;
                }
            }
        }
    }

    //-----app_main-------------------------------------------------
    void app_main(void)
    {
        // Configura UART (115200, 8, N, 1)
        uart_config_t uart_config =
        {
            .baud_rate  = 115200,
            .data_bits  = UART_DATA_8_BITS,
            .parity     = UART_PARITY_DISABLE,
            .stop_bits  = UART_STOP_BITS_1,
            .flow_ctrl  = UART_HW_FLOWCTRL_DISABLE,
            .source_clk = UART_SCLK_DEFAULT,
        };

        // Instala driver con cola de eventos
        uart_driver_install(EX_UART_NUM,
                            BUF_SIZE,        // RX buffer
                            BUF_SIZE,        // TX buffer
                            10,              // eventos en cola
                            &uart_event_queue, // cola de eventos
                            0);

        uart_param_config(EX_UART_NUM, &uart_config);

        uart_set_pin(EX_UART_NUM, -1, -1, -1, -1);

        // Crea tarea de recepción
        xTaskCreate(uart_rx_task, "uart_rx_task", 4096, NULL, 12, NULL);
    }
```

25.6 TAREAS DE DIFERENTE PRIORIDAD CON EJECUCIÓN PROTEGIDA

Puede haber ocasiones en las que una interrupción bloquee una tarea crítica que no debe ser interrumpida y que no debe ser molestada. Para eso, se puede definir su funcionamiento como **tarea crítica**. Esta tarea, cuando se ejecuta, inhabilita todas las interrupciones. Esta ejecución prioritaria se implementa por medio de un cerrojo (*spinlock*) de tipo portMUX_TYPE.

Para entrar y salir de la zona de ejecución crítica, se llama a las funciones:

```
static portMUX_TYPE my_spinlock = portMUX_INITIALIZER_UNLOCKED;

/* Cuando el spinlock se declara como variable estática y se inicializa con
 * portMUX_INITIALIZER_UNLOCKED, no es necesario realizar ninguna inicialización
 * adicional. En ESP-IDF no se recomienda declarar portMUX_TYPE de forma
dinámica. */

taskENTER_CRITICAL(&my_spinlock);
. . .
taskEXIT_CRITICAL(&my_spinlock);
```

Por ejemplo:

```
void MyTask( void * pvParameters )
{
    static portMUX_TYPE my_spinlock = portMUX_INITIALIZER_UNLOCKED;

    while(1)
    {
        taskENTER_CRITICAL(&my_spinlock);
        //Tarea dentro de la zona protegida (crítica)
        taskEXIT_CRITICAL(&my_spinlock);

        //Suspende y espera hasta X ms
        vTaskDelay (T/portTICK_PERIOD_MS);
    }
}
```

En caso de que se deba proteger también partes de una interrupción:

```
taskENTER_CRITICAL_ISR(&my_spinlock);
// Código crítico dentro de la ISR
taskEXIT_CRITICAL_ISR(&my_spinlock);
```

25.7 EJERCICIOS

El sistema deberá ejecutarse en un solo núcleo.

▸ Escribir una aplicación basada en FreeRTOS para ESP32-S3 con el SDK de Espressif sobre Visual Studio Code en la que se envíe por la UART, de forma cíclica cada 20 ms, la hora del sistema, y que sea capaz de recibir información a través del puerto serie por eventos por medio de la técnica de *deferred interrupt*. Después de cada trama de datos recibida, mostrará también por el terminal el tamaño del dato recibido, el tiempo total de recepción y la velocidad de transmisión.

▸ Escribir una aplicación basada en FreeRTOS para ESP32-S3 en la que se creen al menos tres tareas periódicas con distintas prioridades y periodos.

Cada segundo, una tarea de baja prioridad deberá obtener y mostrar por el terminal serie:

- El porcentaje de uso de CPU de cada tarea.
- El porcentaje de tiempo en estado IDLE.
- Para ello se deberán emplear las funciones vTaskGetRunTimeStats() y vTaskList().

▸ Desarrollar una aplicación con tres tareas de igual prioridad y distinta carga de ejecución (tiempo de cómputo).

Ejecutar la aplicación en dos configuraciones:

- Con time-slicing habilitado.
- Con time-slicing deshabilitado.
- En ambos casos, medir y mostrar por el terminal:
  - El tiempo de ejecución relativo de cada tarea.
  - El orden de planificación observado.
  - Analizar las diferencias en el reparto del tiempo de CPU.

26

ASPECTOS AVANZADOS DE FREERTOS

26.1 LA MEMORIA EN FREERTOS

Memoria RAM

Como se ha visto en el CAPÍTULO 15. La memoria RAM del ESP32-S3 está compuesta por IRAM, la SRAM y memoria RTC. La IRAM sirve para 'cachear' instrucciones desde la memoria Flash y que se ejecuten a velocidades superiores y la RTC para mantener en caliente los datos después de un reinicio si mantiene la alimentación. Por su parte, la **DRAM** almacena los datos del programa, las variables globales, la pila de las tareas y la memoria heap utilizada por el sistema operativo. Su tamaño es de 512 kB. Se pueden distinguir las siguientes áreas de memoria:

- ▼ *Stack* **(Pila)**: memoria dinámica asociada al contexto de ejecución de cada tarea.

- ▼ *Heap*: memoria dinámica asignada por llamadas de funciones.

- ▼ *Static memory*: memoria asignada en tiempo de compilación.

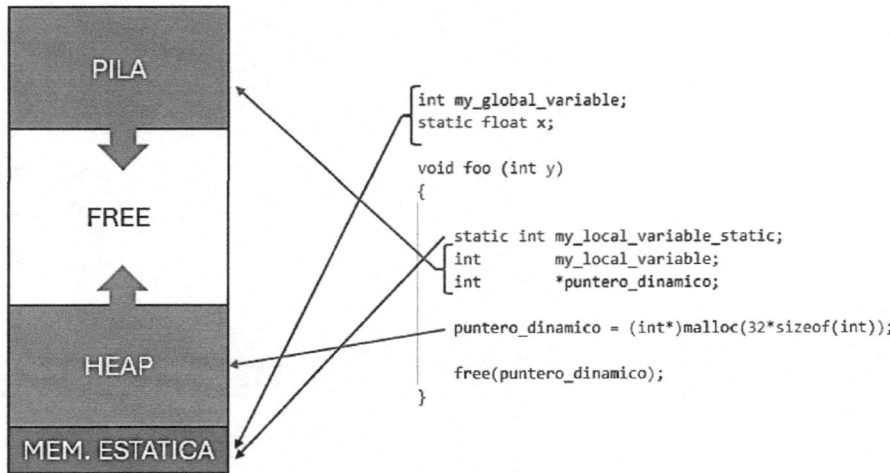

Imagen 67. Distribución de la SRAM según su uso

En la imagen siguiente, imagen -a-, se puede observar cómo la pila y la memoria *heap* crecen en direcciones opuestas. A medida que se crean tareas con *xTaskCreate*, la memoria *heap* se incrementa para ubicar los recursos de las propias tareas y los mecanismos de sincronización como las colas o los semáforos. Aquí también se ubica la memoria *heap* que es aquella memoria dinámica solicitada por las tareas.

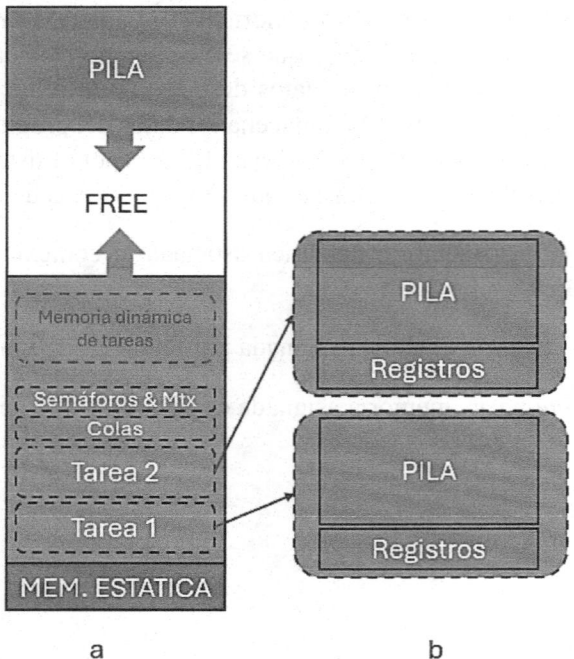

a   b

Imagen 68. Asignación de memoria en tareas y elementos de sincronización

Dentro de la zona de memoria asignada para las tareas, cada una de ellas tiene su propia pila, imagen -b-. El tamaño de la pila de cada tarea se define con el argumento STACK_SIZE en la llamada de *xTaskCreate*.

Hay que definir un tamaño adecuado a cada tarea, siendo recomendable un tamaño mínimo del orden de 1 KB, dependiendo de la complejidad de la tarea. Una de las causas más habituales de reinicios aparentemente inexplicables es un tamaño de pila insuficiente.

Las tareas también se pueden crear en la parte estática de la memoria con *xTaskCreateStatic*, pero dado que el área disponible es mucho más limitada y fija, su uso debe reservarse a aplicaciones donde el uso de memoria dinámica esté prohibido o muy restringido.

Memoria Dinámica

Aunque para sistemas críticos o de respuesta temporal estricta, el uso de memoria dinámica está desaconsejado, puede que para ciertos procesos o algoritmos sea necesaria.

La memoria dinámica se puede utilizar dentro de las tareas. Esta se ubicará también dentro de la memoria *heap*. Es posible usar las funciones *malloc, calloc* y *free*, pero se recomienda usar de forma alternativa las funciones seguras (deterministas) *pvPortMalloc, pvPortCalloc* y *vPortFree* (siempre que estén habilitadas en la configuración del sistema).

Tras asignar y utilizar memoria dinámica, esta debe liberarse explícitamente, de lo contrario, cada vez que se despierte la tarea reservará memoria, llegando a agotar la memoria *heap* rápidamente.

Ejemplo para reservar dinámicamente memoria para 1024 enteros (4 kBytes):

```
int *puntero_dinamico = (int*)pvPortMalloc(1024*sizeof(int));

...

vPortFree(puntero_dinamico);
```

ⓘ **Nota**

A modo de protección, se puede usar la función *xPortGetFreeHeapSize()* para saber el tamaño de la memoria *heap* disponible. Observar que, para poder hacer uso de esta función, se debe haber configurado el parámetro configAPPLICATION_ALLOCATED_ HEAP en FreeRTOSConfig.h. La función devuelve, en bytes, el tamaño de memoria heap disponible en ese instante.

```
/* ---------------------- Memory ----------------------- */

#define configSUPPORT_STATIC_ALLOCATION              1
#define configSUPPORT_DYNAMIC_ALLOCATION             1
#define configAPPLICATION_ALLOCATED_HEAP             1
#define configSTACK_ALLOCATION_FROM_SEPARATE_HEAP    0
```

Imagen 69. Parámetro configAPPLICATION_ALLOCATED_HEAP

Los casos que se mencionan a continuación se basan en los ejercicios y materiales de *Shawn Hymel* [13] y [15].

26.2 INANICIÓN O STARVATION

Supongamos que tenemos **n** tareas que quieren acceder a un recurso compartido, por ejemplo, una variable global o un puerto de comunicaciones. Cada tarea, cuando accede al recurso, lo bloquea por medio de semáforos o *mutex*. Supongamos también que las tareas tienen diferentes prioridades.

Con un sistema de tipo *preemptive* puede ocurrir que, si las tareas prioritarias acaparan la CPU, las tareas menos prioritarias pueden quedar desasistidas. Es lo que se conoce como problema de *starvation* o inanición. Este problema está estrechamente relacionado con el clásico *Dining Philosophers Problem*, formulado en 1965.

Starvation o inanición es el problema que ocurre cuando los procesos de alta prioridad siguen ejecutándose y los procesos de baja prioridad se bloquean por tiempo indefinido.

Técnicas para evitar el problema de starvation

▶ Asegurarse que la o las tareas prioritarias dejen siempre algo de tiempo libre para que otras tareas también se puedan ejecutar, lo cual es responsabilidad directa del programador.

▶ En procesadores *multicore*, se puede hacer que las tareas prioritarias se ejecuten en uno de los núcleos y las no prioritarias en otro.

▶ Hacer que la tarea prioritaria solo se ejecute cuando haya recibido algún tipo de notificación, como por ejemplo una interrupción o un *timer*. Así las tareas menos prioritarias estarán en ejecución de forma habitual y solo cuando se recibe la notificación se ejecuta la prioritaria.

▼ Usar una técnica denominada *aging*. Esta técnica consiste en que la tarea prioritaria sigue ejecutándose (de manera prioritaria) y probablemente tomando la mayoría del tiempo el recurso compartido, pero el *scheduler* u otra tarea de aún mayor prioridad (*supertask*), revisa si las tareas menos prioritarias han sido atendidas en algún momento. Si no lo han sido, va incrementando su prioridad hasta que se iguala a la de las tareas prioritarias. En ese momento, el *scheduler* tendrá que atender a todas por igual. Una vez atendidas, se puede restablecer la prioridad original.

26.3 CERROJO O DEADLOCK

Supongamos que tenemos dos tareas A y B. Cada tarea hace uso de dos recursos R1 y R2. Para proteger el uso del recurso se utiliza un mutex, simbolizado con un candado, de forma que la tarea bloquea los recursos hasta que termina su ejecución. Si la tarea A tiene prioridad, imagen a), adquiere primero el recurso R1 y luego el recurso R2, a continuación, ejecutará su proceso y liberará los recursos. Seguidamente, la tarea B hará lo mismo, imagen b).

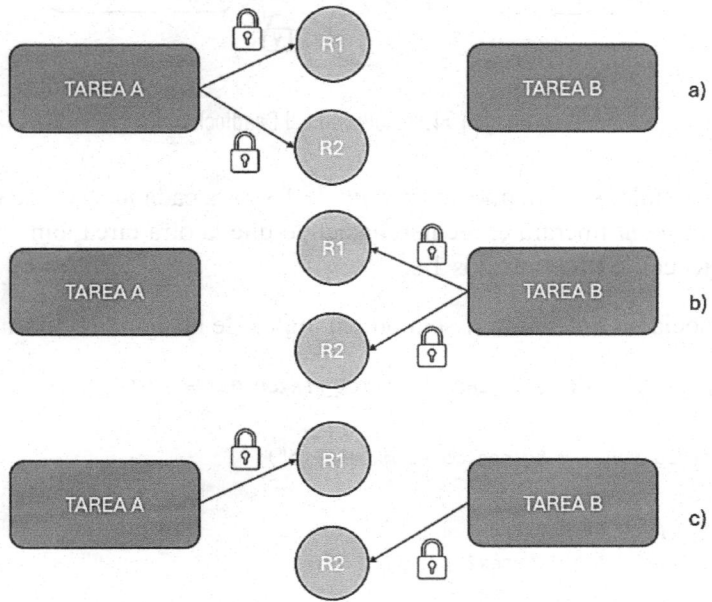

Imagen 70. Problema de Deadlock

Supongamos que la tarea A y B necesitan los recursos de forma inversa. Es decir, A toma R1 y R2, mientras que B toma R2 y luego R1.

En esta secuencia, es posible que en algún momento se produzca una situación como la observada en la imagen c). La tarea A bloquea el recurso R1 y la tarea B bloquea el recurso R2. Se produce un bloqueo que impide a las dos tareas proseguir con su ejecución. Esta situación se conoce como *Deadlock*. Depurar un problema relacionado con un *deadlock* suele ser muy complicado ya que son situaciones espurias difíciles de reproducir.

Un *deadlock* es una situación en la que dos o más tareas poseen recursos mutuamente excluyentes y esperan indefinidamente a que otras tareas liberen los recursos que necesitan.

Técnicas para evitar el problema de deadlock

Para evitar el *deadlock*, se debe asociar un *timeout* al *mutex* de forma que se esperará un tiempo máximo para disponer del recurso.

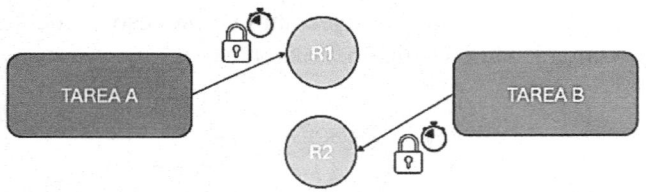

Imagen 71. Resolución del Deadlock

Por ejemplo, si se define un *timeout* de 1 s para cada *mutex* y se produce un *deadlock*, el *timeout* liberará el recurso haciendo que la otra tarea tome el control y termine su ejecución transcurridos 1 s.

Se asocia un *timeout* de 1 segundo al mutex de la siguiente forma:

```
if (xSemaphoreTake(xMutex1, 1000/portTICK_PERIOD_MS)== pdTRUE)
{
    printf("La tarea x ha cogido el mutex 1\n");
    . . .
    //repite para el mutex 2
    if (xSemaphoreTake(xMutex2...
    {
        //haz el trabajo de la tarea
```

```
    ...
      xSemaphoreGive(xMutex2);
  }
   xSemaphoreGive(xMutex1);
}
else
{
   printf("La tarea x no ha podido adquirir el mutex 1\n");
}
```

26.4 INVERSIÓN DE PRIORIDAD

Supongamos tres tareas de diferente prioridad: baja L, media M y alta H. En un sistema de tipo *preemptive* se ejecutará de forma prioritaria la tarea H, si sobra tiempo, se ejecutará la tarea M y si todavía hay tiempo, la tarea L.

Imagen 72. Inversión de prioridad

Supongamos que las tareas L y H (no la M) utilizan un recurso crítico, por ejemplo, un bus de comunicaciones interno. Cada vez que la tarea L o H acceden a dicho recurso, lo bloquean por medio de un semáforo para que no pueda ser utilizado por la otra tarea hasta que acabe su ejecución.

La tarea de prioridad media puede en cualquier momento desocupar a la tarea L, ya que tiene más prioridad que ella. Supongamos que además la tarea M tiene una duración larga (varios segundos). Se analizan tres situaciones.

En la imagen a) la tarea H, prioritaria se ejecuta bloqueando el recurso. Como no hay ninguna otra tarea en espera, el procesador se quedará ocioso durante unos instantes (IDLE) hasta que la tarea L se despierte y se ejecute.

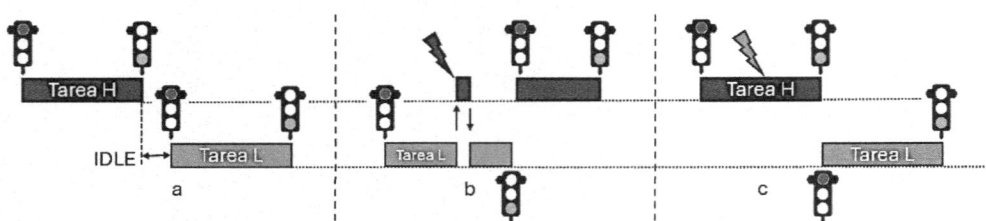

Imagen 73. Situaciones de Inversión de prioridad

En la imagen c), cuando la tarea H se está ejecutando, la tarea L solicita también ejecutarse, pero debido a que la tarea H es más prioritaria que la L, se mantiene la ejecución de la tarea H hasta que se libera el bloqueo. Nada más acabar, si no hay otra tarea que atender, la tarea L entra en juego bloqueando el recurso.

En cambio, en la imagen b), si durante la ejecución de la tarea L, la tarea H se despierta, se produce un caso de inversión de prioridad. Una tarea de prioridad alta no puede ejecutarse y la ejecución se condiciona a otra de menor prioridad porque el recurso que necesita la de alta prioridad está ocupado por el de baja prioridad. Hasta que la tarea de menor prioridad no termina, no se libera el recurso y no se ejecuta la tarea de alta prioridad. Se denomina ***Bounded Priority Inversion*** ya que el tiempo máximo de espera está limitado por la ejecución de la tarea bloqueante L.

La situación puede ser aún más comprometida si entre medias, la tarea M pide tiempo de CPU. Al ser más prioritaria que la L y no tener necesidad de acceder a ningún recurso, se pone en ejecución. Esto impide la liberación del recurso bloqueado por la tarea L hasta que termina la M y termina la L. En este caso la tarea H puede sufrir un retraso inadmisible y lo peor de todo, desconocido: ***Unbounded Priority Inversion***.

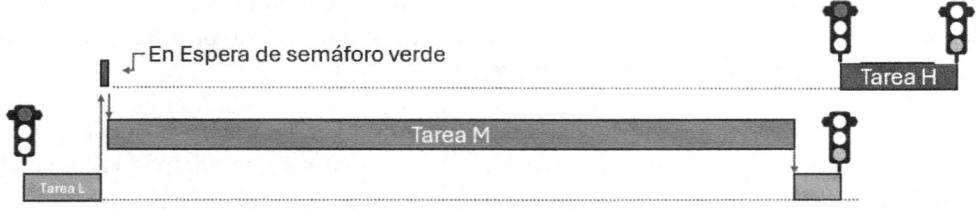

Imagen 74. Unbounded Priority Inversion

La inversión de prioridad es un problema de planificación que ocurre cuando una tarea de alta prioridad queda bloqueada indirectamente por una tarea de menor prioridad.

Técnicas para evitar el problema de inversión de prioridad

▼ *Priority Ceiling Protocol*: en esta técnica se asigna un techo de prioridad a cada recurso o semáforo. Cuando una tarea usa un recurso o toma un semáforo, la prioridad de la tarea se actualiza de forma automática a la prioridad asociada con el semáforo o recurso. El techo de prioridad está determinado por la prioridad máxima de cualquiera de las tareas que necesitan usar el recurso o semáforo.

En el caso anterior, al semáforo se le asignaría una prioridad 3 que es la prioridad de la tarea H. La tarea L cuando toma el recurso, incrementaría automáticamente su prioridad desde L (1) a H (3), asumiendo que el sistema operativo permite la modificación dinámica de prioridades.

Debe observarse que esta técnica previene una situación de *Unbounded Priority Inversion*, pero no la del *Bounded Priority Inversion*.

▼ **Prioridad por herencia**. *Priority Inheritance*: esta propiedad permite que un proceso de baja prioridad que posee un recurso por el cual otro proceso de alta prioridad está esperando, herede temporalmente la alta prioridad del proceso en espera. Esto evita que los procesos de prioridad media interrumpan al proceso de baja prioridad hasta que este libere el recurso.

Esta técnica, al igual que en el caso anterior, previene situaciones de *Unbounded Priority Inversion*, pero no evita las de tipo *Bounded Priority Inversion*.

En FreeRTOS, los mutex implementan prioridad por herencia, mientras que los semáforos binarios y contadores no.

26.5 EJERCICIOS

El sistema deberá ejecutarse en un solo núcleo.

▼ Análisis y dimensionado de pila (Stack & Heap).
Escribir una aplicación FreeRTOS para ESP32-S3 con tres tareas A, B y C.

- La tarea A imprime periódicamente mensajes largos por UART.

- La tarea B realiza cálculos en coma flotante y usa un buffer local de 512 bytes.

- La tarea C duerme la mayor parte del tiempo.

268 MICROCONTROLADOR ESP32-S3. CURSO PRÁCTICO

Inicialmente, asigna un tamaño de pila deliberadamente insuficiente a la tarea B.

Observa y documenta el comportamiento del sistema.

Utiliza las funciones de FreeRTOS para medir el uso real de pila de cada tarea.

Ajusta el tamaño de pila de cada tarea justificando los valores elegidos.

▶ Starvation inducida y corrección.

Escribir una aplicación FreeRTOS para ESP32-S3 con tres tareas A, B y C.

- Tarea A (alta prioridad): ejecuta un bucle de cálculo intensivo sin retardos.

- Tarea B (prioridad media): imprime un mensaje cada 500 ms.

- Tarea C (baja prioridad): parpadea un LED cada segundo.

Analiza el comportamiento del sistema y documenta qué tareas dejan de ejecutarse.

Modifica la tarea A para evitar *starvation* sin cambiar prioridades.

Justifica la solución adoptada.

▶ Inversión de prioridad y herencia.

Escribir una aplicación con tres tareas

- Tarea L (baja prioridad): accede a un recurso compartido durante varios cientos de ms.

- Tarea M (media prioridad): ejecuta una tarea larga que no usa el recurso.

- Tarea H (alta prioridad): necesita acceder al mismo recurso que L.

Implementa la protección del recurso usando un semáforo binario.

Analiza el comportamiento temporal de la tarea H.

Sustituye el semáforo por un mutex.

Compara y explica los resultados obtenidos.

GLOSARIO

▼ **ADC (Analog to Digital Converter)**

Periférico que convierte una señal analógica en un valor digital. En el ESP32-S3 existen dos ADC SAR de 12 bits configurables en modo puntual (oneshot) o continuo mediante DMA.

▼ **Alarm (Timer Alarm)**

Evento programable asociado a un temporizador que genera una interrupción cuando el contador alcanza un valor preestablecido.

▼ **Aging**

Técnica de planificación utilizada para mitigar el problema de inanición (*starvation*). Consiste en incrementar progresivamente la prioridad de tareas que llevan mucho tiempo sin ser ejecutadas, hasta garantizar su acceso a la CPU.

▼ **APB Clock**

Reloj base de 80 MHz utilizado por periféricos internos como *timers* y UART.

▼ **BLE (Bluetooth Low Energy)**

Protocolo de comunicación inalámbrica de bajo consumo, orientado a aplicaciones IoT. En el ESP32-S3 se implementa mediante la pila NimBLE e incluye perfiles como GATT, GAP y servicios personalizados.

▼ **Bootloader**

Código residente en ROM que inicializa el sistema y permite cargar firmware desde Flash.

▼ **Buffer**

Zona de memoria utilizada para almacenar datos de forma temporal.

▼ **Callback**

Función definida por el usuario que es invocada automáticamente por el sistema cuando ocurre un evento.

▼ **Clock Source (clk_src)**

Selección de la fuente de reloj (APB, XTAL, PLL) para temporizadores u otros periféricos.

▼ **Conversion Frame (ADC)**

Conjunto de muestras agrupadas por el controlador ADC en modo DMA. Cada frame genera una interrupción al completarse.

▼ **Critical Section (Sección crítica)**

Bloque de código que no debe ser interrumpido para evitar condiciones de carrera.

▼ **CPU (Central Processing Unit)**

Unidad central de procesamiento.

▼ **DAC (Digital to Analog Converter)**

Periférico que convierte datos digitales en señales analógicas.

▼ **Deadlock**

Situación en la que dos o más tareas quedan bloqueadas indefinidamente al esperar recursos mutuamente excluyentes.

▼ **Debouncing**

Técnicas para eliminar el rebote mecánico de pulsadores mediante filtrado hardware o software.

▼ **Deferred Interrupt**

Técnica recomendada en FreeRTOS para gestionar interrupciones. La ISR se limita a notificar un evento (cola o semáforo) y delega el procesamiento complejo a una tarea de alta prioridad.

▼ **DMA (Direct Memory Access)**

Mecanismo que permite transferir datos sin intervención de la CPU.

▼ **ESP-IDF**

Framework oficial de Espressif para desarrollo de firmware profesional sobre la familia ESP32. Incluye HAL, FreeRTOS y drivers optimizados.

▼ **EXT0 / EXT1 Wakeup**

Modos de despertar desde deep-sleep utilizando una entrada digital o una combinación lógica de varias.

▶ **Flash (SPI Flash)**

Memoria externa donde se almacena el firmware y datos persistentes. En el módulo N16R8 tiene 16 MB.

▶ **Frame**

Conjunto de muestras agrupadas que el ADC o la UART entregan en una operación. En el ADC por DMA, el frame define el tamaño mínimo que dispara una interrupción.

▶ **FreeRTOS**

Sistema operativo de tiempo real integrado en el ESP32-S3. Proporciona tareas, colas, semáforos, mutex y planificación por prioridades.

▶ **GPIO (General Purpose Input/Output)**

Pines configurables como entradas o salidas digitales, con múltiples funciones alternativas mediante la GPIO Matrix.

▶ **GPTimer**

Temporizadores de propósito general de 54 bits configurables en incremento/decremento y capaces de generar interrupciones periódicas.

▶ **HAL (Hardware Abstraction Layer)**

Capa de abstracción que simplifica la programación de periféricos evitando manipular registros directamente.

▶ **Heap**

Zona de memoria dinámica utilizada para asignaciones realizadas en tiempo de ejecución mediante pvPortMalloc, colas, semáforos y creación de tareas.

▶ **HID (Human Interface Device)**

Clase USB que permite emular teclados, ratones o joysticks. Usada con TinyUSB en el ESP32-S3.

▶ **I2C (Inter-Integrated Circuit)**

Bus síncrono bidireccional usado para sensores como el MPU6050. El ESP32-S3 tiene dos controladores.

▶ **IDLE Task**

Tarea especial de FreeRTOS que se ejecuta cuando no hay otras tareas listas. Permite medir carga de CPU y realizar tareas de mantenimiento interno.

▶ **Inanición (Starvation)**

Situación en la que una tarea de baja prioridad no recibe tiempo de CPU debido a la ejecución continua de tareas más prioritarias.

▼ **ISR (Interrupt Service Routine)**

Rutina de servicio llamada automáticamente ante una interrupción. Debe ser mínima, sin llamadas bloqueantes.

▼ **IRAM**

Memoria interna rápida utilizada para ejecutar código crítico, como ISR.

▼ **JTAG**

Interfaz estándar de depuración hardware que permite detener la CPU, leer registros y ejecutar código paso a paso mediante OpenOCD.

▼ **LEDC (PWM Controller)**

Periférico para generar señales PWM de alta resolución con hasta 16–32 canales.

▼ **Light-Sleep / Deep-Sleep**

Modos de ahorro energético que reducen consumo deteniendo la CPU (light-sleep) o apagando casi todo el sistema (deep-sleep).

▼ **Mutex**

Objeto de exclusión mutua utilizado en FreeRTOS para proteger secciones críticas evitando condiciones de carrera.

▼ **MPU6050**

Acelerómetro y giróscopo de 6 ejes usado en los ejemplos del capítulo I2C.

▼ **NVS (Non-Volatile Storage)**

Sistema de almacenamiento persistente basado en pares clave-valor usado para configuraciones.

▼ **One-shot**

Modo de funcionamiento del ADC en el que se realiza una conversión puntual y bloqueante bajo demanda.

▼ **Open-Drain**

Modo de salida digital que solo permite forzar nivel bajo. El nivel alto requiere resistencia pull-up.

▼ **OpenOCD**

Herramienta para depuración JTAG integrada en Visual Studio Code.

▼ **PCNT (Pulse Counter)**

Periférico especializado en conteo de pulsos, ideal para encoders de motor y medición de frecuencia.

▼ **Polling**

Técnica de lectura activa en la que el programa consulta periódicamente el estado de un periférico. Es sencilla pero poco eficiente.

▼ **Preemption**

Capacidad del scheduler para interrumpir una tarea en ejecución cuando otra de mayor prioridad pasa a estado *Ready*.

▼ **Preescalador (Prescaler)**

Divisor de frecuencia usado para ajustar la resolución temporal en *timers*.

▼ **Priority Inheritance**

Mecanismo por el cual una tarea de baja prioridad hereda temporalmente la prioridad de una tarea de mayor prioridad que espera un recurso que aquella posee.

▼ **PWM (Pulse Width Modulation)**

Técnica de modulación digital que permite generar señales analógicas aproximadas variando el ciclo de trabajo. Se utiliza para control de potencia, LEDs y motores.

▼ **PSRAM**

Memoria RAM externa utilizada para buffers grandes e IA ligera. En la versión R8 son 8 MB.

▼ **Queue (FreeRTOS)**

Estructura FIFO utilizada para comunicar tareas de forma segura sin condiciones de carrera.

▼ **RTC Timer**

Temporizador del dominio RTC capaz de discriminar tiempo en deep-sleep.

▼ **RTOS (Real-Time Operating System)**

Sistema operativo orientado a garantizar tiempos de respuesta deterministas.

▼ **SAR (Successive Approximation Register)**

Arquitectura del ADC basada en aproximación sucesiva. Flash, útil para almacenar configuraciones o recursos del proyecto.

▼ **Scheduler**

Componente de FreeRTOS encargado de decidir qué tarea se ejecuta en cada instante según prioridades, estado y configuración del sistema.

▶ **Semáforo**

Mecanismo de sincronización utilizado para señalización entre tareas o desde ISR. Puede ser binario o contador.

▶ **SPI (Serial Peripheral Interface)**

Bus serie síncrono de alta velocidad utilizado para comunicación con memorias externas, pantallas y otros dispositivos.

▶ **Spinlock**

Cerrojo ligero utilizado para proteger secciones críticas en sistemas multicore. En FreeRTOS se implementa mediante portMUX_TYPE.

▶ **SPIFFS**

Sistema de archivos para memoria.

▶ **System Timer (ESP-Timer)**

Temporizador global de 16 MHz usado internamente por FreeRTOS.

▶ **Stack**

Pila privada de cada tarea donde se almacenan variables locales y contexto de ejecución. Un tamaño insuficiente puede provocar reinicios del sistema.

▶ **Starvation**

Ver *Inanición*.

▶ **System Timer**

Temporizador global del ESP32-S3 utilizado por FreeRTOS y por temporizaciones de alta resolución basadas en esp_timer

▶ **Task (FreeRTOS)**

Unidad básica de ejecución programada por el scheduler. Cada tarea tiene prioridad, pila y estado independiente.

▶ **Time Slicing**

Mecanismo por el cual varias tareas con la misma prioridad comparten equitativamente el tiempo de CPU.

▶ **TinyUSB**

Stack USB embebido utilizado para implementar dispositivos USB nativos (CDC, HID, MIDI…).

▶ **TWDT / IWDT**

Watchdogs de tarea (Task Watchdog) e interrupción (Interrupt Watchdog) utilizados para evitar bloqueos.

▸ **UART (Universal Asynchronous Receiver/Transmitter)**

Interfaz serie usada para depuración y comunicación con PC o módulos externos.

▸ **USB-OTG**

Controlador USB integrado que permite modo dispositivo o modo host.

▸ **vTaskDelay**

Función de FreeRTOS que bloquea la tarea durante un periodo en ticks sin consumir CPU.

▸ **Watchdog**

Periférico que reinicia el sistema si no recibe señales periódicas (feed) para detectar bloqueos o deadlocks.

▸ **Zero-Copy (DMA)**

Técnica donde los datos no se copian entre buffers: el periférico escribe directamente en la memoria accesible por la aplicación.

BIBLIOGRAFÍA

Documentación de Espressif

[1] Espressif Systems, "ESP-IDF v5.5.1 Hardware Reference (ESP32-S3)," 2024. [Online]. Disponible: *https://docs.espressif.com/projects/esp-idf/en/ release-v5.1/ESP32-S3/hw-reference/index.html*

[2] Espressif Systems, "ESP32-S3-WROOM-1 / WROOM-1U Datasheet," 2024. [Online]. Disponible : *https://documentation.espressif.com/esp32-s3-wroom-1_ wroom-1u_datasheet_en.pdf*

[3] Espressif Systems, "ESP32-S3 Technical Reference Manual," Version 1.7, 2023. [Online]. Disponible: *https://documentation.espressif.com/esp32-s3_ technical_reference_manual_en.pdf*

[4] Espressif Systems, "ESP-DevKits – ESP32-S3," n.d. [Online]. Disponible: *https://docs.espressif.com/projects/esp-dev-kits/en/latest/esp32s3/esp32-s3- devkitc-1/index.html*

[5] Espressif Systems, "ESP32-S3 Datasheet," 2023. [Online]. Disponible: *https:// documentation.espressif.com/esp32-s3_datasheet_en.pdf*

[6] VCC-GND Community, "ESP32-S3 PCB Layout and Schematics." [Online]. Disponible: *https://github.com/vcc-gnd/YD-ESP32-S3/tree/main/5-public-YD- ESP32-S3-Hardware%20info*

Otra documentación

[7] Microchip Technology Inc., "MCP4725 12-Bit DAC Data Sheet (DS22039D)," 2009. [Online]. Disponible: *https://ww1.microchip.com/downloads/en/ devicedoc/22039d.pdf*

Libros

[1]   Butazzo, *Hard Real-Time Computing Systems: Predictable Scheduling Algorithms and Applications*, 3rd ed. Springer, 2011.

[2]   B. Amos, *Hands-On RTOS with Microcontrollers: Building Real-Time Embedded Systems Using FreeRTOS, STM32 MCUs, and SEGGER Tools*. Packt Publishing, 2020.

[3]   H. Kopetz, *Real-Time Systems: Design Principles for Distributed Embedded Applications*, 2nd ed. Springer, 2011.

[4]   K. Vervloesem, *Develop Your Own Bluetooth Low Energy Applications*. Packt Publishing, 2020.

[5]   B. W. Kernighan and D. M. Ritchie, *El lenguaje de programación C*, 2nd ed. Prentice Hall, 1988.

Recursos Web

[1]   S. Hymel, "introduction-to-rtos" [Software], n.d. [Online]. Disponible: *https://github.com/ShawnHymel/introduction-to-rtos*

[2]   P. Minatel, "How to use custom partition tables on ESP32," *The ESP Journal*, Feb. 13, 2021. [Online]. Disponible: *https://medium.com/the-esp-journal/how-to-use-custom-partition-tables-on-esp32-69c0f3fa89c8*

[3]   Digi-Key Electronics — S. Hymel, "Real-Time Operating Systems (RTOS) Playlist" [Online Video], Jan. 4, 2021. Available: *https://www.youtube.com/playlist?list=PLEBQazB0HUyQ4hAPU1cJED6t3DU0h34bz*

[4]   EasyLearning, "ESP32 IDF SDK 09: Introducción a FreeRTOS" [Online Video], Mayo 20, 2022. Disponible : *https://www.youtube.com/watch?v=o7H0WYfy-9E&list=PL-Hb9zZP9qC48GcXj_BsDipCPAzwcps6e*

MATERIAL ADICIONAL

El material adicional de este libro puede descargarlo en nuestro portal web: *https://www.ra-ma.es*.

Debe dirigirse a la ficha correspondiente a esta obra, dentro de la ficha encontrará el enlace para poder realizar la descarga.

Cuando descomprima el fichero obtendrá los archivos que complementan al libro para que pueda continuar con su aprendizaje.

INFORMACIÓN ADICIONAL Y GARANTÍA

- RA-MA EDITORIAL garantiza que estos contenidos han sido sometidos a un riguroso control de calidad.

- Los archivos están libres de virus, para comprobarlo se han utilizado las últimas versiones de los antivirus líderes en el mercado.

- RA-MA EDITORIAL no se hace responsable de cualquier pérdida, daño o costes provocados por el uso incorrecto del contenido descargable.

- Este material es gratuito y se distribuye como contenido complementario al libro que ha adquirido, por lo que queda terminantemente prohibida su venta o distribución.

SÍGUENOS EN INSTAGRAM Y ACCEDE GRATIS A NUESTRA BIBLIOTECA DIGITAL DURANTE 30 DÍAS.

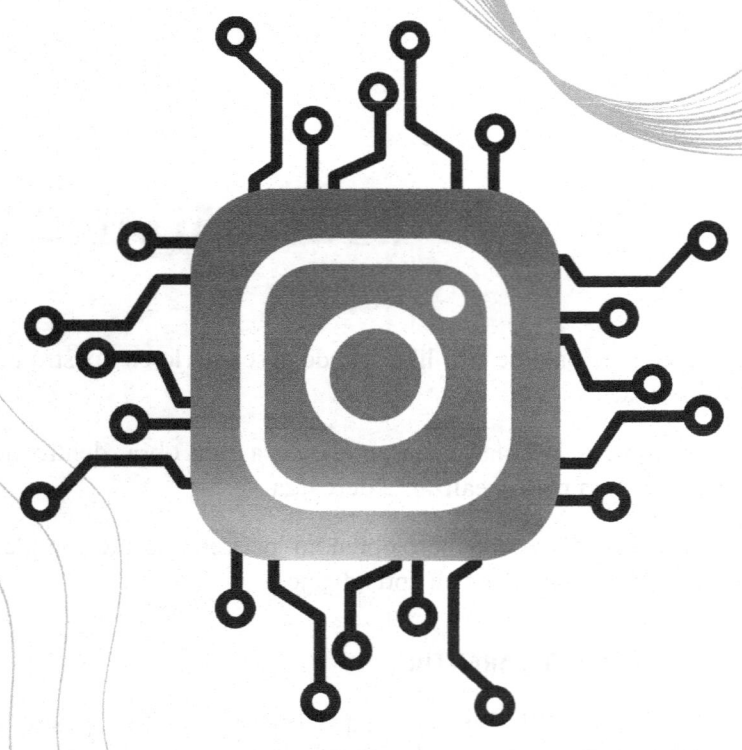

@grupoeditorialrama

¡ENVIANOS TU MAIL POR PRIVADO!

 Grupo Editorial
ra-ma

40 ANIVERSARIO